누구나 쉬운

호텔 일본어회화

장미경 저

기문사
www.kimoonsa.co.kr

머리말

一期一會 고객을 응대하는 이들이라면 한 번쯤 들어보았을 만한 일기일회!

「이 세상에 단 한 번의 만남이다」라는 의미다. 일기일회의 마음으로 고객을 대한다면 고객의 마음을 얻을 수 있을 것이다. 본서에서는 세심한 배려와 서비스로 고객을 접대하는 호텔리어들이 사용하는 일본어 회화를 중심으로 구성되어 있다.

호텔에서 종사하는 호텔리어들은 손님이 편안하게 지낼 수 있도록 모든 면에서 세심한 서비스를 제공하는 것이 주된 업무이다. 프런트, 벨보이, 컨시어지 등의 접객 부문과 회계, 인사, 총무 등의 사무 부문과 영업 기획, 홍보, 연회장을 프로듀스하는 코디네이터 등의 영업 부서가 있다. 24시간 영업이므로 교대 근무가 필요하며 휴일도 불규칙해지기 쉬운 어려움도 따르지만, 고객에게 따뜻한 친절을 베풂으로써 느끼는 보람 또한 크다. 서비스와 친절이 보편화되어 있는 요즘 일대일 고객 서비스 만족 극대화를 위한 호스피탈리티 서비스가 절실히 요구되는 시점에 관광학도들에게 호텔 일본어회화를 통해 차별화된 고객만족을 제공하는데 조금이나마 도움이 되리라 생각하여 본서를 출간하게 되었다.

본서를 출간하기까지 많은 조언과 격려를 주신 와카야마대학의 관광학부장 오큐도 마사미(尾久土 正己) 교수님, 나카쿠시 다카시(中串 孝志) 교수님, 마음 편하게 출간할 수 있도록 배려해주신 기문사 대표님, 늘 힘이 되어준 고마운 친구 리에코에게도 감사인사를 드리며 한국관광에 대해 하나하나 가르쳐 주신 한국관광공사의 차동영 교수님과 몽당연필의 꿈을 주신 어머니께 감사드린다.

장미경 드림

차례

제1부 일본 개요

제2부 실용 문법

제3부 호텔에 대해서

제4부 호텔 회화

제1부

일본 개요

❀ 히라가나(ひらがな)

행＼단	あ단	い단	う단	え단	お단
あ행	あ a	い i	う u	え e	お o
か행	か ka	き ki	く ku	け ke	こ ko
さ행	さ sa	し shi	す su	せ se	そ so
た행	た ta	ち chi	つ tsu	て te	と to
な행	な na	に ni	ぬ nu	ね ne	の no
は행	は ha	ひ hi	ふ hu	へ he	ほ ho
ま행	ま ma	み mi	む mu	め me	も mo
や행	や ya		ゆ yu		よ yo
ら행	ら ra	り ri	る ru	れ re	ろ ro
わ행	わ wa		を wo		ん N

❀ 가타가나(カタカナ)

행＼단	ア단	イ단	ウ단	エ단	オ단
ア행	ア a	イ i	ウ u	エ e	オ o
カ행	カ ka	キ ki	ク ku	ケ ke	コ ko
サ행	サ sa	シ shi	ス su	セ se	ソ so
タ행	タ ta	チ chi	ツ tsu	テ te	ト to
ナ행	ナ na	ニ ni	ヌ nu	ネ ne	ノ no
ハ행	ハ ha	ヒ hi	フ hu	ヘ he	ホ ho
マ행	マ ma	ミ mi	ム mu	メ me	モ mo
ヤ행	ヤ ya		ユ yu		ヨ yo
ラ행	ラ ra	リ ri	ル ru	レ re	ロ ro
ワ행	ワ wa		ヲ wo		ン N

❀ 탁음(濁音)

가나의 글자에 탁점(゛)이 붙는 음으로 성대가 울리며 か, さ, た, は행에서만 이루어진다.

예) が행　　がっこう(학교), げた(나막신)
　　ざ행　　わざ(기법), アジ(맛)
　　だ행　　たいど(태도), でんわ(전화)
　　ば행　　ぶた(돼지), へび(뱀)

❀ 반탁음(半濁音)

가나의 글자에 반탁점(゜)이 붙는 음으로 성대가 울리지 않으며 は행에서만 이루어지고 대부분 외래어에 쓰인다.

예) は행　　タンポポ(민들레), えんぴつ(연필), パパ(아빠),
　　　　　　パチパチ(깜박깜박)

❀ 요음(拗音)

い단 き, ぎ, し, じ, ち, に, ひ, び,ぴ, み, り에 (ゃ, ゅ, ょ)를 작게 표기한다.

예) やきゅう(야구), しゅみ(취미), じょせい(여성), ひゃく(백)

❀ 촉음(促音)

(促音: そくおん)

한국어의 받침과 같은 역활을 하며 か, さ, た, ぱ행 앞에 작게 표기한다.

예) ㄱ 받침(か행이 올 때)　　さっか(작가), みっか(3일), せっけん(비누)

ㅅ 받침(さ행이 올 때)　　まっすぐ(똑바로), いっしょ(함께), けっせき(결석)

ㄷ 받침(た행이 올 때)　　きって(우표), みっつ(3개), おっと(남편)

ㅂ 받침(ぱ행이 올 때)　　いっぱい(가득), きっぷ(티켓), しっぽ(꼬리)

❀ 장음(長音)

(長音: ちょうおん)

(あ, い, う, え, お)로 표기하고 ー로 장음을 표시한다.

예) あ　　おかあさん(어머니)
あ라고 발음한다.

い　　おにいさん(오빠)
い라고 발음한다.

う　　やきゅう(야구)
う라고 발음한다.

え　　えいが(영화)
え라고 발음한다.

お　　おおきい(크다)
お라고 발음한다.

❀ 지도

일본은 4개의 큰 섬으로 이루어져 있으며 행정구역으로는 도쿄도(都), 홋카이도(道), 교토부(府), 오사카부(府)와 43개의 현(県)으로 되어 있다.

- **인구** 1억 2633만 명(2018년 기준)
  - 도쿄 9,272,740
  - 오사카 2,691,185
  - 아이치 2,295,638
  - 홋카이도 1,952,356
  - 후쿠오카 961,286

❀ 경축일

날짜	일본
1월	1/1 설날 1/14 성인의날
2월	2/11 건국기념일
3월	3/21 춘분의 날
4월	4/29 쇼와의 날
5월	5/3 헌법기념일 5/4 녹색의 날 5/5 어린이날
6월	
7월	7월 셋째 주 월요일 바다의 날
8월	8/11 산의 날
9월	9월 셋째 주 월요일 경로의 날 9/23 추분일
10월	10월 둘째 주 월요일 체육의 날
11월	11/3 문화의 날
12월	12/23 천왕탄생일

❀ 지하철 노선

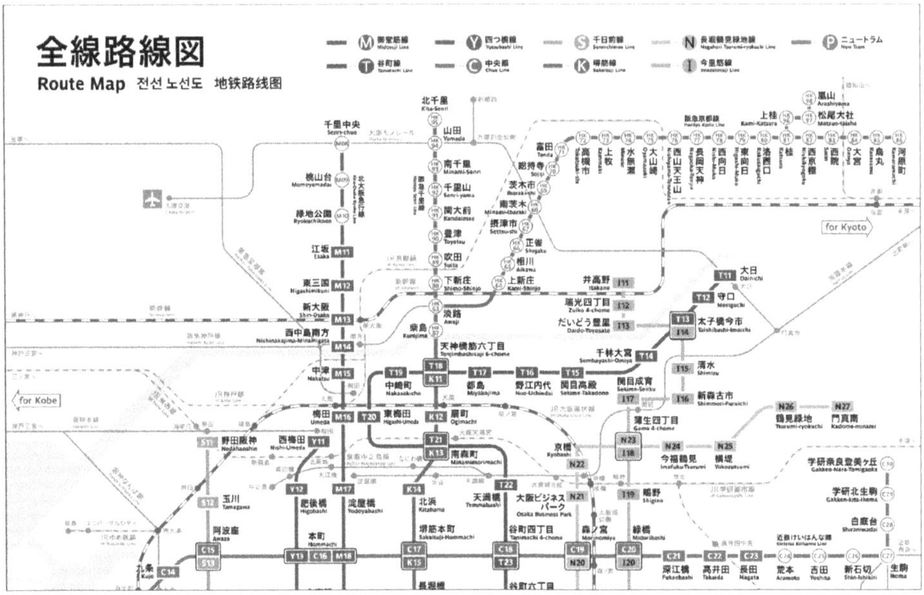

오사카 지하철 노선도

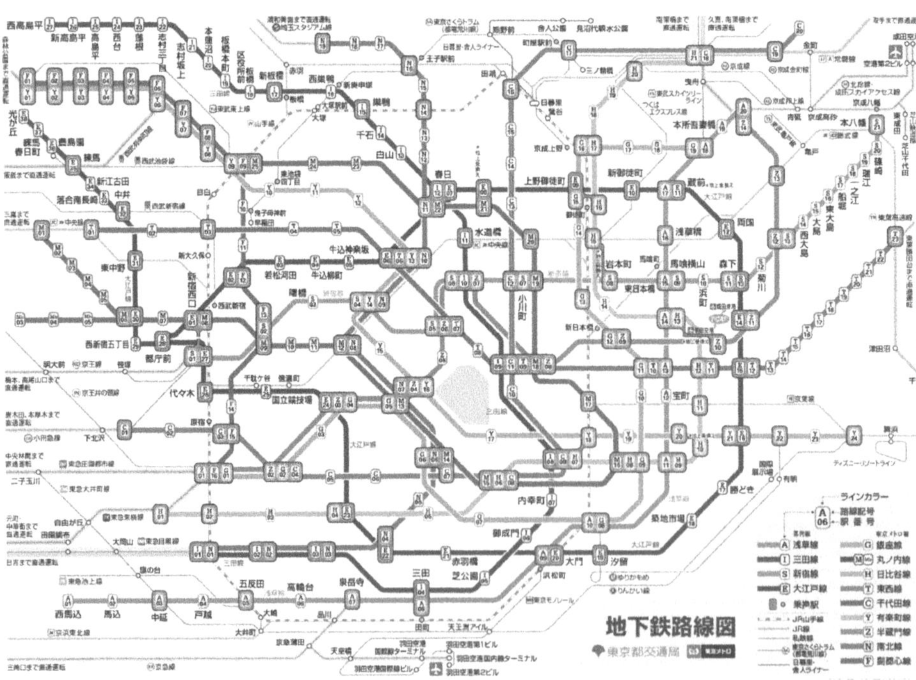

도쿄 지하철 노선도

❀ 기모노

기모노(着物)는 일본의 전통적 의상을 통틀어 이르는 말로 길이가 발목까지 오고 앞이 터져 있으며, 소매 통이 크고 넓은 허리띠를 두른다. 결혼식, 성년의 날 등 특별하고 축하하는 장소에서 입는다. 기모노의 종류로는 시로무쿠(전통 혼례식에서 입는 신부의 예복), 쿠로모후쿠(상복으로 입는 기모노), 후리소데(결혼안한 여자가 혼례식이나 성인식에 입는 기모노), 쿠로토메소데(결혼식 피로연에 참석하는 신랑 신부의 양친, 친척, 중매부인 등 기혼부인들이 착용하는 기모노)가 있다.

후리소데 振袖

쿠로모후쿠 黑喪服

쿠로토메소데 黑留袖

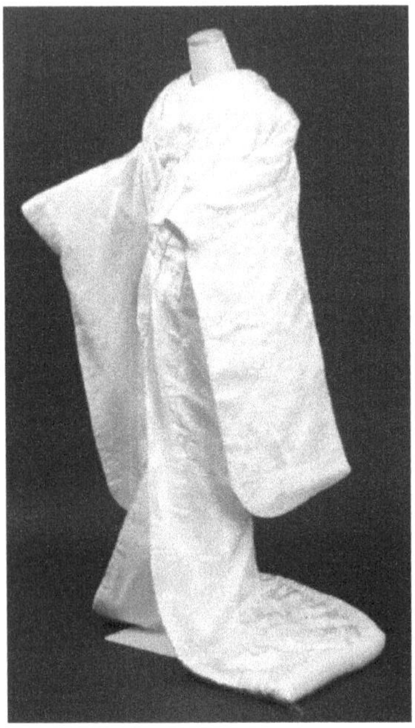

시로무쿠 白無垢

❀ 엔화

천 엔 속의 인물은 일본의 생물학자인 노구치 히데요(野口英世)

오천 엔 속의 인물은 일본 근대소설의 대표 여류작가인 히구치 이치요(樋口一葉)

만 엔 속의 인물은 일본 게이오대학의 창립자인 후쿠자와 유키치(福沢諭吉)

1엔부터 500엔까지 있어 동전지갑을 가지고 다닌다.

※ 2000엔 지폐도 있지만, 많이 통용되고 있지 않다.

❀ 축의금 봉투

■ 축의금 넣은 방향

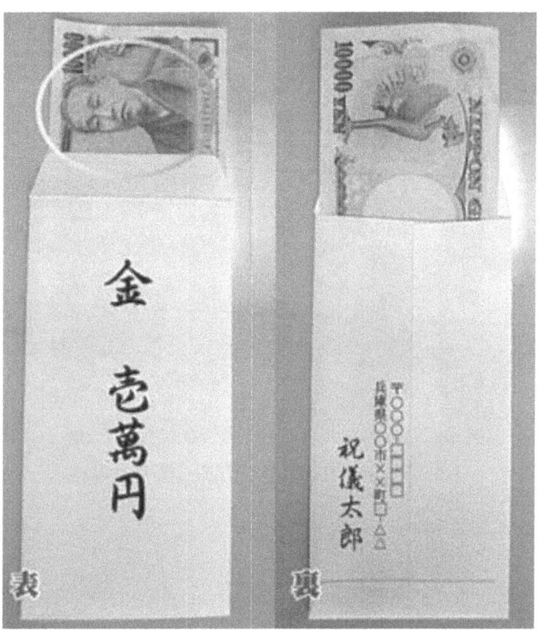

앞 뒤

❀ 마쯔리

마쯔리의 나라인 일본을 대표하는 마쯔리로는 도쿄의 간다마쯔리(神田祭り), 오사카의 텐진마쯔리(天神祭り), 교토의 기온마쯔리(祇園祭り)와 역동적인 기시와다의 단지리 마쯔리(だんじり祭り)가 유명하다.

도쿄 간다마쯔리(神田祭り)

오사카 텐진마쯔리(天神祭り)

교토 기온마쯔리(祇園祭り)

기시와다 단지리마쯔리(だんじり祭り)

❀ 공공전화번호

화재신고	119
범죄신고	110
전화번호 안내	104
일기예보	177
간사이공항	072-455 -2500
나리타공항	03-5757-8111
일본 도로 교통정보센터	050-3369-6666
경시청 분실물 센터	0570-550-142

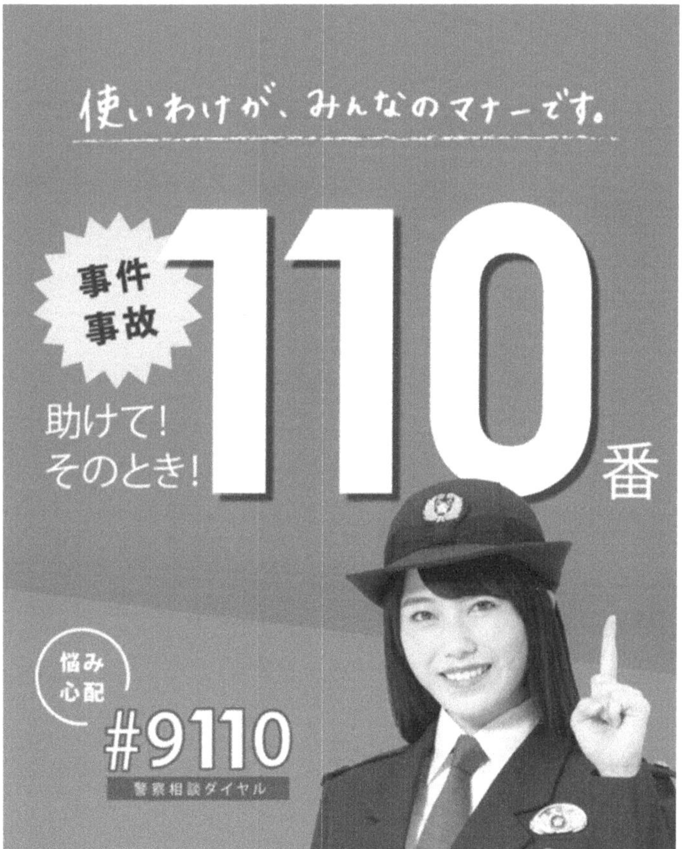

경시청의 110번 포스터

제2부

실용 문법

1. 가족명칭

※ 나의가족과 상대의 가족을 부르는 명칭이 다르다.

	나의 가족	상대 가족
할아버지	祖父　そふ	おじいさん
할머니	祖母　そぼ	おばあさん
아버지	父　ちち	お父さん
어머니	母　はは	お母さん
오빠	兄　あに	お兄さん
언니	姉　あね	お姉さん
남동생	弟　おとうと	弟さん
여동생	妹　いもうと	妹さん
나	私　わたし	

2. 숫자놀이

■ 0부터 조까지

0	백	천	만	억	조
れい, ゼロ	ひゃく	せん	まん	おく	ちょう

■ 1부터 10까지

일	이	삼	사	오	육	칠	팔	구	십
いち	に	さん	し/ よん	ご	ろく	しち/ なな	はち	く/ きゅう	じゅう

■ 20부터 90까지

20	30	40	50	60	70	80	90
にじゅう	さんじゅう	よんじゅう	ごじゅう	ろくじゅう	ななじゅう	はちじゅう	きゅうじゅう

■ 100부터 900까지

100	200	300	400	500	600	700	800	900
ひゃく	にひゃく	さんびゃく	よんひゃく	ごひゃく	ろっぴゃく	ななひゃく	はっぴゃく	きゅうひゃく

■ 1000부터 9000까지

1000	2000	3000	4000	5000	6000	7000	8000	9000
せん	にせん	さんぜん	よんせん	ごせん	ろくせん	ななせん	はっせん	きゅうせん

연습문제

다음의 숫자를 일본어로 답해보기

1. 232 (   )
2. 4711 (   )
3. 1293 (   )
4. 56087 (   )
5. 23631 (   )

3. 시간표현

1時(시)	いちじ
2時(시)	にじ
3時(시)	さんじ
4時(시)	よじ
5時(시)	ごじ
6時(시)	ろくじ
7時(시)	しちじ
8時(시)	はちじ
9時(시)	くじ
10時(시)	じゅうじ
11時(시)	じゅういちじ
12時(시)	じゅうにじ

예) 私(わたし)は毎朝(まいあさ) 7時(じ)に起(お)きます。
저는 매일아침 7시에 일어납니다.

今日(きょう)は8時(じ)に学校(がっこう)へ行(い)きました。
오늘은 8시에 학교에 갔습니다.

授業(じゅぎょう)は9時(じ)からです。
수업은 9시부터 입니다.

4. 방향, 위치 나타내기

■ 방향

こちら	이쪽
そちら	그쪽
あちら	저쪽
どちら	어느 쪽

예) ロッテホテルはあちらです。
　　롯데호텔은 저쪽입니다.

　　そちらに置(お)いてください。
　　그쪽에 놓아주세요.

■ 위치

上(うえ)	위
下(した)	아래
中(なか)	안
外(そと)	밖
前(まえ)	앞
後(うし)ろ	뒤
右(みぎ)	오른쪽
左(ひだり)	왼쪽
横(よこ), となり, そば	옆
間(あいだ)	사이

예) かばんの中はお弁当があります。
가방 안에는 도시락이 있습니다.

ロッテホテルはロッテデパートのとなりです。
롯데호텔은 롯데백화점 옆에 있습니다.

5. 날짜 세어보기

■ 12달 세어보기

一月(いちがつ)	1월
二月(にがつ)	2월
三月(さんがつ)	3월
四月(しがつ)	4월
五月(ごがつ)	5월
六月(ろくがつ)	6월
七月(しちがつ)	7월
八月(はちがつ)	8월
九月(くがつ)	9월
十月(じゅうがつ)	10월
十一月(じゅういちがつ)	11월
十二月(じゅうにがつ)	12월

예) 貴方(あなた)の誕生日(たんじょうび)は六月(ろくがつ)ですか？
당신의 생일은 6월입니까?

スミの結婚式(けっこんしき)は2月(にがつ)です。
수미의 결혼식은 2월입니다.

6. 요일 세어보기

月曜日(げつようび)	월요일
火曜日(かようび)	화요일
水曜日(すいようび)	수요일
木曜日(もくようび)	목요일
金曜日(きんようび)	금요일
土曜日(どようび)	토요일
日曜日(にちようび)	일요일

예) 月曜日(げつようび)から金曜日(きんようび)まで歌(うた)の練習(れんしゅう)をします。

今週(こんしゅう)の土曜日(どようび)は祖母(そぼ)の家(いえ)に行(い)きます。

7. 가장 쉬운 문법 배우기

1) 형용사 : ~い(기본형)

형용사는 사람이나 사물의 성질, 모양, 성격, 상태를 나타내며 기본형이 항상 い로 끝나며 홀로 쓰이거나 명사를 수식한다.

기본형

あかい	빨갛다
おおきい	크다
さむい	춥다
おもしろい	재미있다

(1) 수식형 い

명사를 수식할 때い 형용사 기본형 + 명사

おもしろい + 日本語 → おもしろい日本語
재미있는 일본어

(2) 정중형 い+です(~입니다)

い 뒤에 です를 붙인다.

おもしろい + です = おもしろいです。 재미있습니다.
재미있다 + ~니다

(3) 부정형 く+ない(~하지 않다)

い를 く로 바꾸고 ない를 붙인다.

おもしろい+ない → おもしろくない。 재미있지 않다.
おもしろくないです。 재미있지 않습니다.
おもしろくありません。 재미있지 않습니다.

※くないです와 くありません은 같은 의미이다.

(4) 과거형 かった(~었다)

おもしろい(X) + かった → おもしろかった。 재미있었다.

おもしろかったです。 재미있었습니다.

부정형くない 도 い로 끝나므로 같은 방식으로 정중형, 과거부정형을 만들 수 있다

おもしろくない → おもしろくなかった。 재미있지 않았다.

おもしろくなかったです。 재미있지 않았습니다.

(5) 연결형 くて(~한, ~하면서)

おもしろ(X) く + て い를 く로 바꾼다.

재미있어서, 재미있고

おもしろな(X) く + て 재미있지 않아서, 재미있지 않고

おもしろくて有益(ゆうえき)する 재미있고 유익하다.

(6) 명사형 さ

おもしろ(X) + さ → おもしろさ 재미, 흥미

사물의 성질이나 모양을 나타내는 대부분의 형용사는 い를 さ로 바꾸고 명사형을 나타낸다.

さむい(춥다) → さむさ(추위)
あつい(덥다) → あつさ(더위)

2) 형용동사 : ~だ(기본형)

형용동사는 사람이나 사물의 성질, 모양, 성격, 상태를 나타내며 어미가 항상 だ로 끝나며 홀로 쓰이거나 명사를 수식한다.

(1) 수식형 な

명사를 수식할 때 형용동사 기본형 だ가 な로 바뀌며 뒤에 명사를 붙인다. 즉 ~だ + 명사 → ~な + 명사가 된다.

きれいだ + へや → きれいなへや(깨끗한 방)
(깨끗하다)

にぎやかだ + 都市 → にぎやかな都市(활기찬 도시)
(활기차다)

(2) 정중형 어간 + です(입니다)

어간 뒤에 だ를 생략한 です를 붙인다.

きれいだ + です → きれいです。(깨끗합니다.)
(깨끗하다) (~입니다)

にぎやかだ + です → にぎやかです。(활기찹니다.)
(활기차다) (~입니다)

(3) 부정형 ではない(~하지 않다)

~(X)[だ] + ない → ~ではない, じゃない(では=じゃ)
(~다) (~않다) (~하지 않다)

だ를 では(じゃ)를 바꾸고 ない를 붙인다.

きれいだ+ない → きれいではない。(깨끗하지 않다.)
きれいではないです。(깨끗하지 않습니다.)

にぎやかだ+ない → にぎやかではない。(활기차지 않다.)
にぎやかではないです。(활기차지 않습니다.)

※ 부정형 ではない는 い로 끝나므로 형용사의 용법과 같이 정중형은 뒤에 です를 붙인다.

きれいではないです。(깨끗하지 않습니다.)

(4) 과거형 ~だった(~었다)

きれいだ + った → きれいだった(깨끗했다.)
(깨끗하다) (~였다)

にぎやかだ + った → にぎやかだった(활기찼다.)
(활기차다) (~였다)

※ 정중형은 ~だった + です

きれいだ だった + です → きれいだったです。(깨끗했습니다.)
(깨끗했다) (입니다)

にぎやかだった + です → にぎやかだったです。(활기찼습니다.)
(활기찼다) (~입니다)

(5) 연결형 で(~하고, ~하여서)

きれい(X) + で だを 생략한다.

きれいでしずかだ (깨끗하고 조용하다.)

にぎやかではでだ (활기차고 화려하다.)

(6) 부사형 に(~하게, ~히)

きれい(X) + に → きれいに(깨끗하게)

にぎやか(X) + に → にぎやかに(활기차게)

어간+だ 에서 だ를 빼고 に를 붙인다.

(7) 명사형 さ

"~함, ~하기"라는 명사형으로 바꿀 때는 だ를 さ로 바꾼다.

きれいだ(깨끗하다) → きれいさ(깨끗한)

にぎやかだ(활기차다) → にぎやかさ(활기찬)

3) 동사

사물의 움직임이나 작용을 나타내며 홀로 술어가 될 수 있으며 전부 う단으로 끝나는 어미가 활용을 한다.

みる(보다)　　　する(하다)　　　きく(듣다)　　　たべる(먹다)
はなす(말하다)　　かく(쓰다)　　　あるく(걷다)　　もつ(들다)

(1) 동사의 종류

❶ 5단 동사

5단에 걸쳐서 어미가 다양하게 활용한다.

가. 어미가 る가 아닌 모든 동사

즉「う, く, す, つ, ぬ, む, ぐ, ぶ」로 끝나는 동사

예) いく(가다)　　のむ(마시다)　　もつ(들다) 등

나. 어미가 る로 끝나도 る 바로 앞이 イ단이나 エ단이 아닌 동사

예) ある(있다)　　わかる(알다)　　とる(집다)　　かぶる(쓰다) 등

❷ 1단 동사

5단 동사에 비해 어미 활용이 비교적 간단하다.
어미가 る로 끝나고 る 바로 앞의 음이 イ단(い, き, し, ち, に, ひ, み, り) 이거나 ユ단(え, け, せ, て, ね, へ, め, れ)인 동사

예) みる(보다)　　できる(할 수 있다)　　おきる(일어나다)
たべる(먹다)　　おしえる(가르치다)　　あける(열다) 등

※ 1단 동사 중 아래의 동사는 예의로서 5단 동사와 같이 어미를 활용한다.
はいる(들어가다, 들어오다),　いる(필요하다),　きる(자르다)
しる(알다),　はしる(달리다),　かえる(돌아가다, 돌아오다)
へる(줄다),　ける(차다)

❸ 특이동사

5단 동사도 아니고 1단 동사도 아닌 특별한 활용을 하는 동사로 する(하다), くる(오다) 2개뿐이라 그냥 외운다.

(2) 동사의 활용

❶ 정중형　~ます형

가. 5단 동사

기본형　어미　ウ단을　イ단으로 바꾸고 ます를 붙인다.

きく(듣다)　→　ききます(듣습니다.)
はなす(말하다)　→　はなします(말합니다.)
よむ(읽다)　→　よみます(읽습니다.)
ある(있다)　→　あります(있습니다.)

나. 1단 동사

어미 る만 빼고　ます를 붙인다.

いる(있다)　→　います(있습니다.)
たべる(먹다)　→　たべます(먹습니다.)

다. 특이 동사

する(하다)　→　します(합니다.)
くる(오다)　→　きます(옵니다.)

❷ 부정형　~ない형(~하지 않다)

가. 5단 동사

어미 ウ단을 ア단으로 바꾸고 ない를 붙인다.

はたらく(일하다)　→　はたらかない(일하지 않는다)
はなす(말하다)　→　はなさない(말하지 않는다)
よむ(읽다)　→　よまない(읽지 않는다)

나. 1단 동사

어미 る를 빼고 ない를 붙인다.

みる(보다) → みない(보지 않는다)
きる(입다) → きない(입지 않는다)
かぞえる(세다) → かぞえない(세지 않는다)

다. 특이 동사

する(하다) → しない(하지 않는다)
くる(오다) → こない(오지 않는다)

❸ 연결형 ~て형(~하고, 하여, 하여서)

가. 5단 동사

가) ウ, つ, る → って

かう(사다) → かって(사고, 사서)
まつ(기다리다) → まって(기다리고, 기다려서)
のる(타다) → のって(타고, 타서)

나) ぬ, む, ぶ → んで

しぬ(죽다) → しんで(죽고, 죽어서)
よむ(읽다) → よんで(부르고, 불러서)
よぶ(부르다) → よんで(읽고, 읽어서)

다) く, ぐ → いて, いで

かく(쓰다) → かいて(쓰고, 써서)
およぐ(헤엄치다 → およいで(헤엄치고, 헤엄쳐서)

※ 예외 : いく(가다) → いって(가고, 가서)

라) す → して

はなす(이야기하다) → はなして(이야기하고, 이야기해서)

나. 1단 동사

어미 る를 빼고 て를 붙인다.

みる(보다) → みて(보고, 봐서)

たべる(먹다) → たべて(먹고, 먹어서)

다. 특이동사

する(하다) → して(하고, 하여서)

くる(오다) → きて(오고, 와서)

❹ 과거형 て, で형과 같다.

가. 5단 동사

가) う, つ, る → った

かう(사다) → かった(샀다)

まつ(기다리다) → まった(기다렸다)

のる(타다) → のった(탔다)

나) ぬ, む, ぶ → んだ

しぬ(죽다) → しんだ(죽었다)

よむ(읽다) → よんだ(읽었다)

よぶ(부르다) → よんだ(불렀다)

다) く, ぐ → いた いだ

かく(쓰다) → かった(썼다)

およく(헤엄치다) → およいだ)헤엄쳤다)

※ 예외 : いく(가다) → いった(갔다)

라) す → した

はなす(이야기 하다) → はなした(이야기 했다)

나. 1단 동사

어미 る를 빼고 た를 붙인다.

みる(보다) → みた(보았다)

たべる(먹다) → たべた(먹었다)

다. 특이 동사

する(하다) → した(했다)

くる(오다) → きた(왔다)

❺ 가능형

가. 5단 동사

가) 어미 ウ단을 エ단으로 바꾸고 る를 붙인다.

かく(쓰다) → かける(쓸 수 있다)

あう(듣다) → あえる(들을 수 있다)

나) 어미 ウ단을 ア단으로 바꾸고 れる를 붙인다.

かく(쓰다) → かかれる(쓸 수 있다)

きく(듣다) → きかれる(들을 수 있다)

나. 1단 동사

어미 る를 られる로 바꾼다.

みる(보다) → みられる(볼 수 있다)

たべる(먹다) → たべられる(먹을 수 있다)

다. 특이 동사

する(하다) → できる(할 수 있다)

くる(오다) → こられる(올 수 있다)

※ 주의 : できる 앞 목적격 조사 を가 아니고 が가 된다.

ピアノをひく → ピアノができる
(피아노를 치다) (피아노를 칠 수 있다)

라. 동사 기본형 + ことが できる(할 수 있다)

かく(쓰다 → かくことができる
(쓰는 것이 가능하다. 즉 쓸 수 있다)

みる(보다) → みることができる
(보는 것이 가능하다. 즉 볼 수 있다)

4) 인칭대명사

(1) 1인칭 : 나를 의미한다.

私(わたし)	저, 나
僕(ぼく)	나
俺(おれ)	나

(2) 2인칭 : 상대방을 의미한다.

貴方(あなた)	당신
君(きみ)	그대, 자네
お前(まえ)	너

(3) 3인칭 : 그, 그녀를 의미한다.

彼(かれ)	그
彼女(かのじょ)	그녀

5) 조사

は	~은, ~는
が	~이, ~가
を	~을, ~를
の	~의, ~의 것
か	~인지, ~나
も	~도, ~나
と	~와, ~과
や	~랑, ~며, ~나
に	~에(시간 장소), ~로(선택, 방법)
で	~에서(장소)
へ	~로(방향)
から	~에서, ~부터
まで	~까지

제3부

호텔에 대해서

일본 호텔의 이모저모

1. 제국호텔 도쿄

제국호텔은 1890년 11월 3일, 외국의 빈객(賓客)을 영접하기 위한 "일본의 영빈관"으로서 개업했다.

제국호텔 도쿄 로비 모습

2. 호텔종사원의 업무

1) 프런트 오피스

호텔의 꽃인 프런트는 주로 4가지 업무로 나뉜다. 큰 호텔에서는 각자 포지션이 있지만 일반적으로는 4개의 모든 일을 예약, 리셉션(접수), 정보(안내), 프런트 캐셔(회계)를 맡고 있으므로, 일정수준의 외국어 능력, 컴퓨터 기술능력과 무엇보다 고객배려와 서비스 마인드가 요구된다.

2) 백오피스

부서에서 사무업무를 보며 총무부, 관리부, 시설부, 홍보부, 영업부로 구성되어 있다.

3) 도어맨

주로 호텔 현관 앞에서 업무를 수행한다. 업무 내용은 손님들의 교통편과 자동차의 유도, 호텔 내외로 안내, 택시 호출과 주변의 경비 등의 업무를 수행한다.

4) 벨보이

손님의 짐을 프런트까지 나르고 손님이 체크인 후 객실까지 안내하는 것과 체크 아웃 시에는 객실에서 프런트까지 짐을 나르기도 한다. 호텔의 규모나 운영 방침에 벨보이를 배치하지 않은 곳도 있다.

5) 컨시어지

컨시어지란 용어는 프랑스에서 온 말로 고객의 다양한 요구에 대응하는 종합적인 업무처리를 담당한다. 컨시어지 일을 맡으신 분은 근속 연수도 풍부하고 수준 높은 언어 능력이 요구된다.

6) 식음료부서

바텐더, 바리스타, 웨이터, 웨이트리스, 연회부로 구성되어 있다.

3. 일본 호텔 역사

1) 일본 호텔 역사

일본 호텔업의 시작은 「미일 화친 조약」 체결 후 일본 내 외국인을 위한 숙박 시설이 필요하게 된 것이 계기이다. 에도시대인 1867년 츠키지에 호텔 「관」이 건설되어 외국의 외교관이나 막부의 고용 외국인들에게 이용되었으며 그 후 오리엔탈 호텔(オリエンタルホテル, 1870년) 일광금곡호텔(日光金谷ホテル, 1873년), 후지야호텔(富士屋ホテル, 1878년), 제국호텔(帝国ホテル, 1890년), 마루 노우치호텔(丸の内ホテル, 1924년), 호텔 뉴 그랜드(ホテルニューグランド, 1927년)가 등장하기 시작했다.

4. 일본 호텔 종류

1) 시티 호텔(シティホテル)

도시 중심에 있는 호텔로 제국 호텔, 호텔 오쿠라, 웨스틴 호텔, 리츠 칼튼 등이 있다.

2) 비지니스 호텔(ビジネスホテル)

비즈니스맨을 위한 호텔로 호화로운 시설과 실내를 중시하는 것이 아니라 저렴하게 숙박할 수 있는 것에 비중을 둔 호텔이다.

3) 리조트 호텔(リゾートホテル)

관광지나 휴양지, 스키장에 있는 호텔을 말한다. 휴양과 휴식이 목적인 손님들이 많으며 부대시설로 스포츠, 오락을 즐길 수 있도록 되어 있다. 장기 숙박의 경향이 있다.

5. 일본 호텔 디저트 소개

디저트 문화가 발달한 일본은 최근엔 호텔 뷔페의 달콤한 디저트를 비싸지 않는 가격에 즐길 수 있다.

힐튼 오사카의 딸기 디저트 뷔페

6. 일본 호텔 방 소개

シングル（ルーム）

싱글룸

ダブル（ルーム）

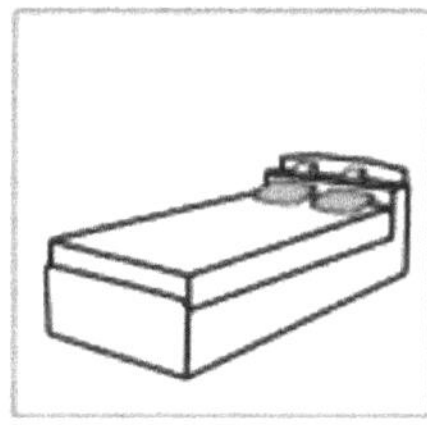

더블룸

ツイン（ルーム）

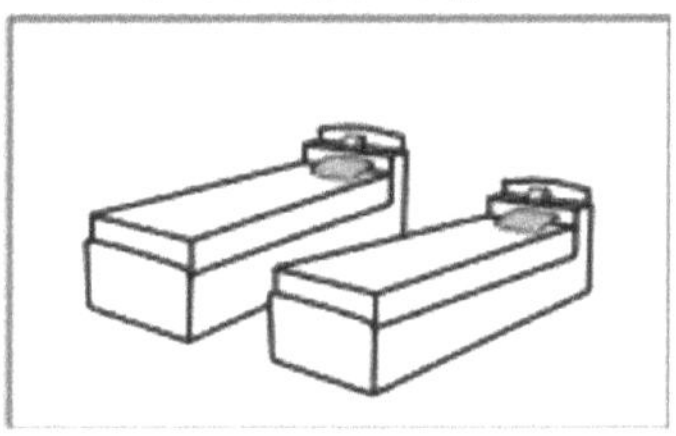

트윈룸

トリプル（ルーム）

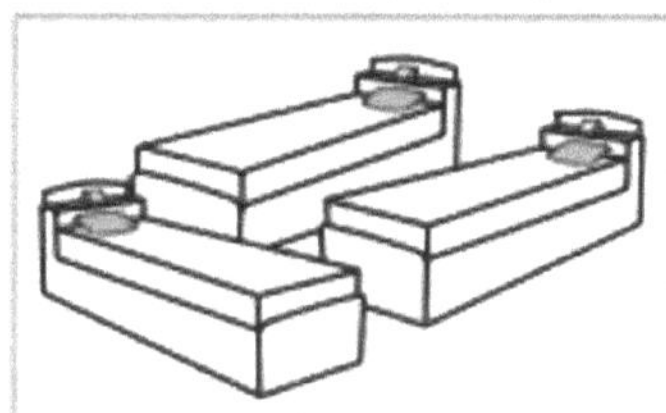

트리플룸

7. 호텔리어의 환대용어

존경어 : 일본어에서 존경어는 상대방을 높여 표현한다.

겸양어 : 일본어에서 겸양어는 나를 낮추고 상대방을 높여 표현한다.

기본어		존경어(고객 측)	겸양어(호텔 측)
行く	가다	行かれる、いらっしゃる	参る、伺う
来る	오다	来られる、おいでになる	参る、伺う
する	하다	される、なさる	いたす、させていただく
いる	있다	いらっしゃる	ある、おります
言う、話す	말하다	言われる、おっしゃる	申す、申し上げる
聞く	듣다	聞かれる、お聞きになる	伺う、拝聴する
見る	보다	見られる、ご覧になる	拝見する

기본어	존경어(고객 측)	겸양어(호텔 측)
食べる　먹다	あがる、召し上がる	いただく
思う　생각하다	思われる	存ずる、存じます
会う　만나다	お会いになる、会われる	お目にかかる
与える　주다	くださる	上げる、差し上げる
もらう　받다	お受けになる	いただく、ちょうだいする

8. 미니바 메뉴

ビール	맥주
ウイスキー	위스키
ピーナッツ	피넛
ジュース	주스
ミネラルウォーター	미네럴워터
ワイン	와인

9. 일본호텔의 팁문화

유럽, 미국 등의 호텔에서는 월급 자체가 적고 팁에서 생계를 하는 급여 체계이므로 팁을 주고받는 것이 당연하다는 입장이지만, 일본 호텔은 요금에 10%의 봉사료가 포함되어 있으므로 전달하지 않아도 된다. 짐을 옮겨주거나 룸 메이킹을 해주었을 때 팁을 주는 건 자유의사지만, 특히 고급호텔에서는 고객의 팁을 거절하도록 호텔 내에서 교육을 하고 있다.

10. 응급 시 필요한 약

일본에서는 약과 생활용품 등을 드록스토아에서 구입할 수 있다. 대부분 밤 10시까지 운영하는 곳이 많아 비상시에 이용할 수 있다.

두통약	頭痛薬　ずつうやく
감기약	風邪薬　かぜぐすり
설사약	下痢薬　げりぐすり
체했을 때	消化剤　しょうかざい
타박상	打撲　だぼくしょう
식중독	食中毒　しょくちゅうどく
해열제	解熱剤　げねつざい
안약	目薬　めぐすり
위장약	胃腸薬　いちょうやく
현기증	めまい

11. 호텔 조직도

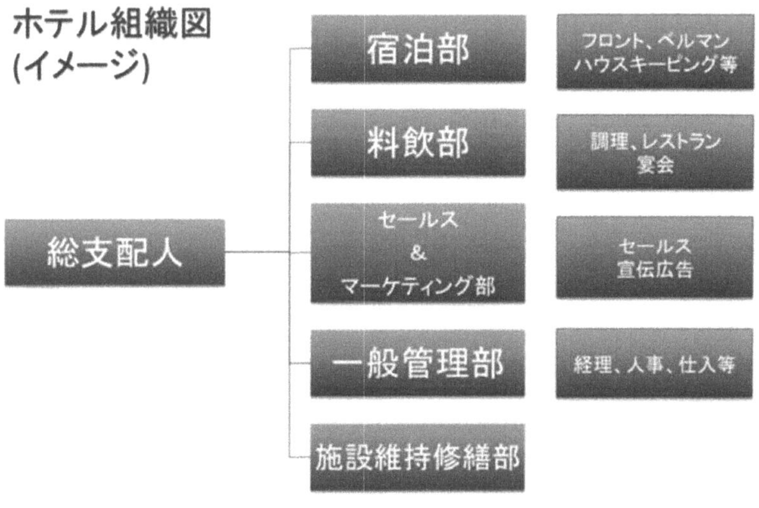

12. 숙박 카드 작성하기(직접 작성해보기)

ご芳名カード(Register Card)　　　　チェックイン：2011年10月20日(木)　　1泊

① (Name) 芳名　にほんたろう 日本太郎
(e-mail) メール
(ZipCode) 郵便番号
(BirthDay) 誕生日　年　月　日
(Address) 住所
職業
前泊
(Tel) 電話番号　0559485550
翌日行先

※旅館業法 第6条により「個人情報」をご記載いただいております。

② (1)に既に入力されている場合は、以下にご署名をお願いします。

→

例：日本 太郎(フルネームにてお願いします。)

13. 고객응대 전화 알파벳

일본에서는 고객과의 전화 응대 시 정확한 의사소통을 위해 영어 알파벳을 사용한다.

A	America のA	N	New York の N
B	Bombay の B	O	Osakaの O
C	China の C	P	Peking の P
D	Denmark の D	Q	Queen の Q
E	England の E	R	Rome の R
F	France の F	S	Shanghai の S
G	Germany の G	T	Tokyo の T
H	Honkong の H	U	Union の U
I	Ice の I	V	Victory の V
J	Japan の J	W	Washington の W
K	Kobe の K	X	X-ray の X
L	London の L	Y	Yokohama の Y
M	Mexico の M	Z	Zero の Z

14. 캡슐 호텔

1979년 오사카 우매다에 첫 캡슐 호텔이 등장하였다. 캡슐 모양의 침대를 제공하는 숙박시설로 호텔영업이 아닌 간이 숙소 영업에 해당된다. 사우나 시설과 병행하는 영업점이 많다. 가격은 원화로 40000원 정도로 일본만의 독특한 숙박체험을 하고 싶은 외국인들에게 인기가 있다.

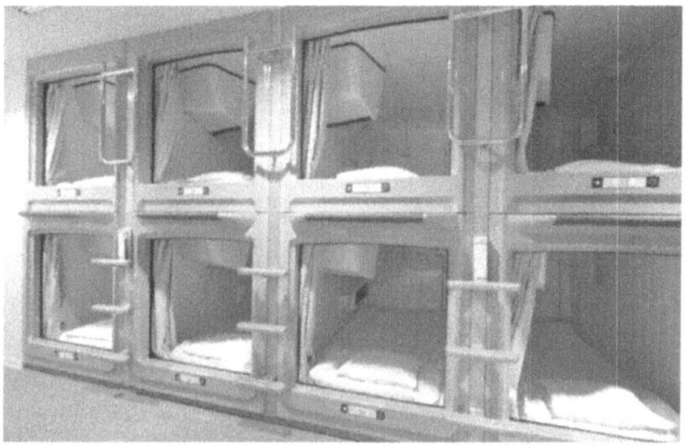
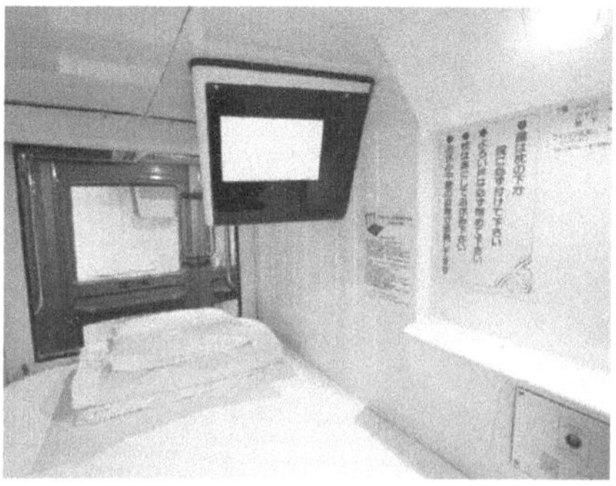

15. 릿츠칼튼의 특별한 교토

릿츠 칼튼 교토는 역사와 예술적 매력이 넘치는 곳에 위치해 있다. 일본의 전통의복인 기모노를 입고 이탈리아 요리를 즐길 수 있어 메이지 문명의 개화시대에 상류층이 기모노를 입고 서양문물을 경험하는 분위기를 재현할 수 있다. 기모노를 입고 아름다운 일본 정원과 교토 주변을 산책 할 수 있어 관광객들에게 특별함을 선사하고 있다.

16. 카가야 여관의 호스피탈리티 정신

카가야는 1906년 창업한 객실 235실을 가진 대규모 여관이다. 고객을 향한 호스피탈리티 정신은 지금도 변함이 없어 많은 고객으로부터 사랑받고 있다.

카가야의 인사

■ 카가야의 방침

1. 고객의 기대에 부응한다.
2. 정확성을 요구한다.
3. 고객의 입장에 서서 배려하는 마음으로 대한다.
4. 불만사항 0을 목표로 한다.

17. 호텔용어

ア	アグリトゥーリズモ	이탈리아민박 / 농장 호텔
	アサイン	룸 배정
	アメニティ	호텔에서 준비한 용품
	アーケード	호텔 내 쇼핑시설
イ	イングリッシュ ブレックファスト	영국식 아침식사
	イン	비교적 저렴한 가격의 캐주얼 타입 숙소
	インバウンド	외국인들이 한국을 방문하는 여행
ウ	ウォークイン	미리 예약하지 않고 방문
	ウエイティングラウンジ	대합실의 라운지
	ウェルカム·ボード	호텔 입구 부근 등에 설치된 안내판, 사인 보드
エ	エキストラベッド	엑스트라 베드
	エクスプレス　チェックアウト	익스프레스 체크아웃
	エグゼクティブフロア	VIP 전용 층
オ	オットマン	오토맨
	オーシャンフロント	오션 프론트
	オーシャンビュー	오션 뷰
	オールインクルーシブ	올 인클루시브
	オーバーブック	오버 북
カ	カスタマーリレーションズ	고객관리
	ガーデンビュー	가든 뷰
	ガラディナー	크리스마스 등 특별한 날 제공되는 디너
キ	キングサイズベッド	폭의 크기가 약 160cm 이상 침대.
ク	クアッド	쿼드
	クラブフロア	클럽층
	グラテュイティ	tip
ケ	ケータリング (サービス)	음식의 출장 서비스
コ	コリドー	전용로
	コンシェルジュ	안내
	コートヤードビュー	코트야드 뷰
	コンドミニアム	콘도
サ	サービスアパートメント	서비스 아파트 아파트처럼 장기 체류할 수 있는 시설이 구비됨

シ	シティビュー	시티 뷰
	シャトーホテル	샤토 호텔
	シャレー	샬레
	ジャーマンツイン	독일식 트윈
	ジュニアスイート	주니어 스위트
ス	ストアルーム	스토어 룸
	スーペリア	슈페리어
	ステューディオ	스튜디오
セ	セパレートシャワーブース	분리형 샤워 부스
	セイフティボックス	금고
	セルフランドリー	셀프 세탁
タ	ターンダウン（サービス）	턴 다운(서비스)
チ	チェックアウト	체크아웃
	チップ	팁
	ツーベッドルームスイート	투 베드룸 스위트
	ツイン	트윈
テ	デポジット	보증금
	デラックス	디럭스
	デン	덴
ト	ドレスコード	드레스 코드
	トリプル	트리플
	ドミトリー	도미토리
ノ	ノーショー	노 쇼
ハ	バウチャー	쿠폰
	バレットランドリー	발렛세탁
ヒ	ビーアンドビー	비 앤드 비
	ピークシーズン	성수기
フ	ファミリープラン	가족플랜
	ブッフェ	뷔페
	パーラールーム	객실 룸
ヘ	ベッドスロー	침대 슬로우
	ベビーコット	아기 침대
	ベルデスク	벨 데스크
ホ	ホスピタリティ	환대
	ホステル	호스텔

マ	マナーハウス	매너 하우스(컨트리 하우스 및 귀족의 저택을 그대로 호텔로 한 것)
	マーフィーベッド	머피 침대
	マウンテンビュー	마운틴 뷰
ミ	ミニマムステイ	미니멈 스테이
	民泊 (みんぱく)	민박
モ	モーテル	모텔
ラ	ラグジュアリー	럭셔리
	ラン・オブ・ザ・ハウス	런 오브 더 하우스
リ	リバービュー	리버뷰
	リファンド	환불
ル	ルームタイプ	룸 타입
レ	レイクビュー	레이크 뷰
	レイト・チェックアウト	늦은 체크아웃
ロ	ローカルブレックファスト	로컬 아침 식사
	ローラウエイ	롤러 웨이
ワ	ワンベッドルームスイート	원 베드룸 스위트

매너 배우기 일식/프랑스식/중식 식사와 테이블 매너

1. 초밥 먹는 법

■ 간장은 초밥방향이 아닌 생선회에 찍어 먹는다.

■ 군함초밥은 기울이면 내용물이 떨어지므로 초생강에 살짝 간장을 찍은 후 얹혀 먹는다.

※ 군함초밥

식초로 간을 한 밥을 김으로 둘러싼 후 그 위에 신선한 회, 마요네즈로 버무린 옥수수 콘 등을 얹은 스시로 모양이 군함처럼 생겼기에 군함초밥이라 불린다.

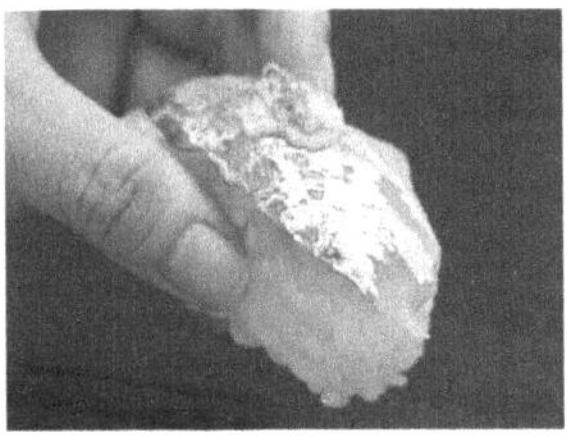

■ 초밥은 되도록 손으로 먹는 것이 좋지만 젓가락을 사용해도 무방하다. 그러나 초생강은 반드시 젓가락을 사용해야 한다.

■초밥은 한입에 먹는 것이 기본이므로 나눠먹지 않도록 한다.

■쌀알에 간장이 직접 닿지 않도록 한다. 쌀알이 떨어진 간장 접시는 보기에도 좋지 않다.

■스시가 놓인 접시에 젓가락을 두는 것은 무례하다. 젓가락을 올려놓을 것이 없으면 간장 접시와 개인 접시에 올려놓되 젓가락 끝 부분만 올리도록 하자.

2. 스시점 예약 및 매너

■초밥 집의 카운터는 수량이 한정되어 있으므로 사전에 예약을 하는 것이 좋다.
그때 예산 및 잘 먹지 못하는 음식재료를 말해주면 된다.

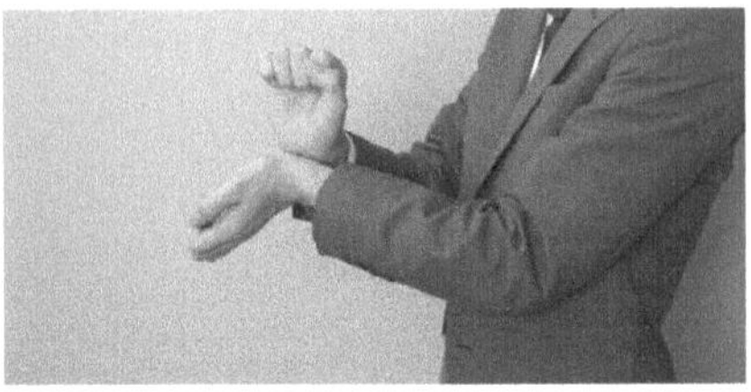

■초밥 집에 국한된 것은 아니지만, 향수 등은 자제하는 것이 상식이다 식사는 오감으로 즐기는 것이므로 향수의 향기가 식사에 방해가 되므로 조심하자.

■향수 외에도 흡연은 삼간다. 금연이 아닌 초밥집이라도 카운터에서 담배를 피우는 것은 하지 말아야 한다.

3. 미닫이 문 여는 법과, 다다미방에 들어가는 법

■미닫이문의 동그란 홈에 손을 걸고 5 센티미터 정도 열어 열린 틈새에 손을 넣고 몸의 절반 가량을 연다.

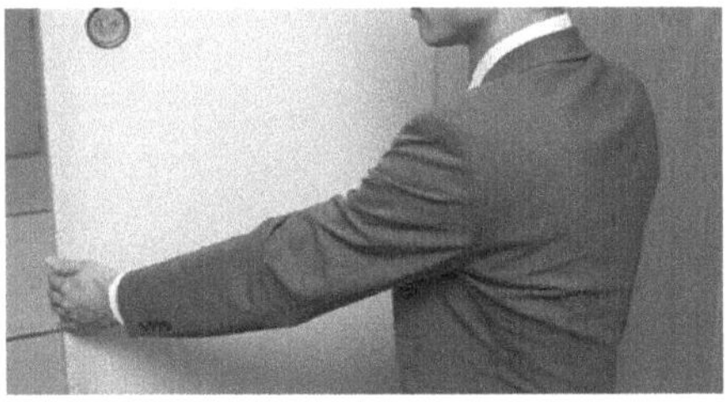

■반대 손으로 바꾸어 몸이 통과할 수 있는 폭까지 연다. 양손을 짚고 머리 숙여 인사를 하고 나서 고개를 들고 무릎을 꿇어 가지런히 모은 무릎부터 입장한다.

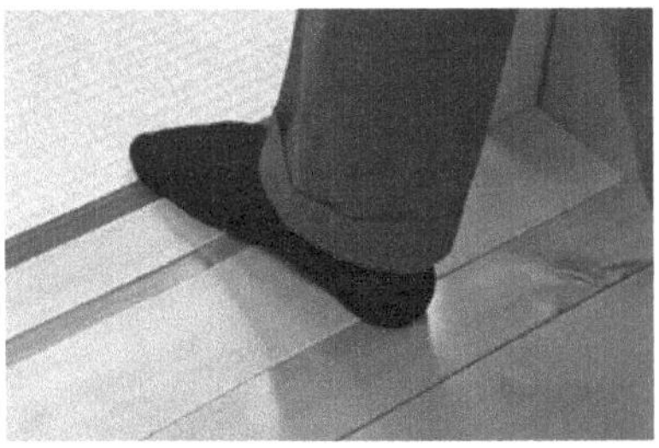

■다다미방에 들어갈 때 문턱에 있는 다다미천(へり) 부분을 밟지 말자. 문턱은 신(神)이 있어 신(神)을 밟는 것은 그 집이 번영할 수 없다고 전해 내려져 오기에 주의한다.

4. 다다미 문 닫는 법

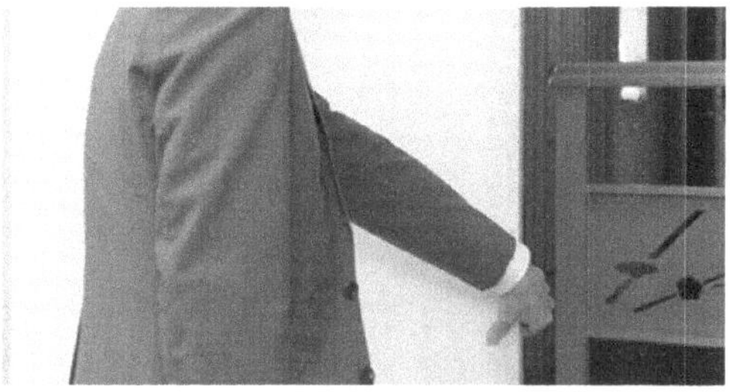

■미닫이문을 향해 정좌(正座)하고 미닫이문에 가까운 쪽의 손으로 문턱에서 15센티미터 위 정도의 부분을 잡고 몸의 반 정도까지 닫는다.

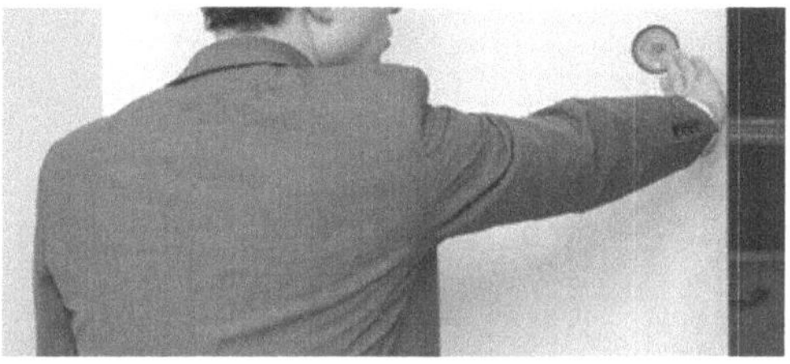

■반대 손으로 바꾸어 완전히 닫지 않고 나머지 5 센티미터 정도에서 일단 멈춘다. 마지막으로 동그란 홈에 손을 걸고 닫는다.

■미닫이문을 단번에 여닫기하는 것은 무례라고 여긴다. 한 호흡을 두면서 살짝 여닫기를 하는 배려가 중요하다.

5. 방석에 앉는 법

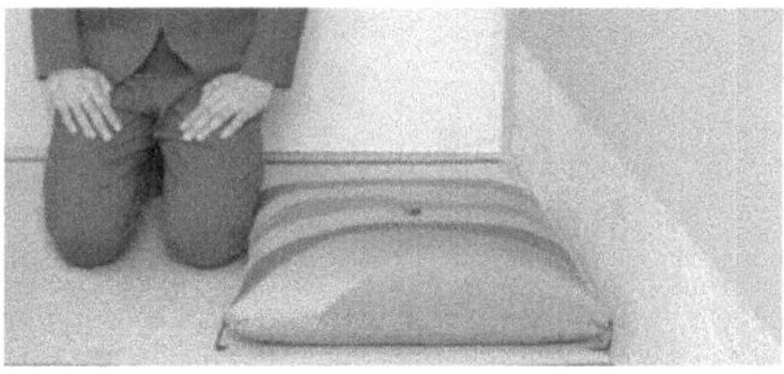

■방석에 바로 앉지 말고 무릎을 가지런히 모아 인사를 한다.

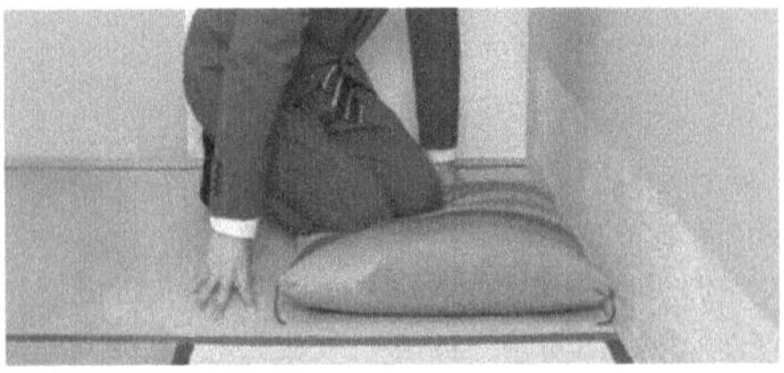

■손을 짚고 몸을 틀어 무릎을 방석 위에 올려놓는다.

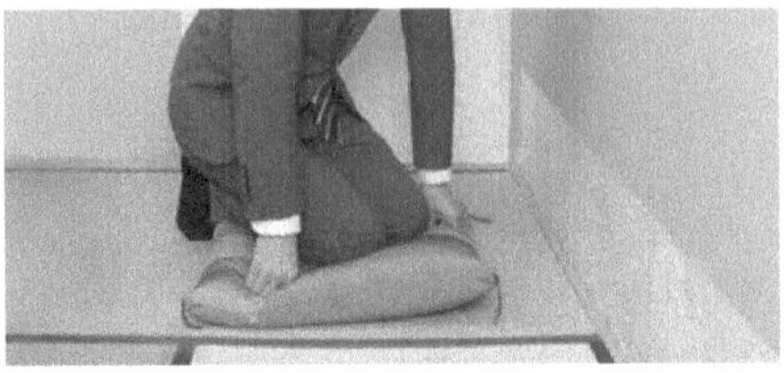

■손으로 몸을 지탱하면서 방석에 올라간다.

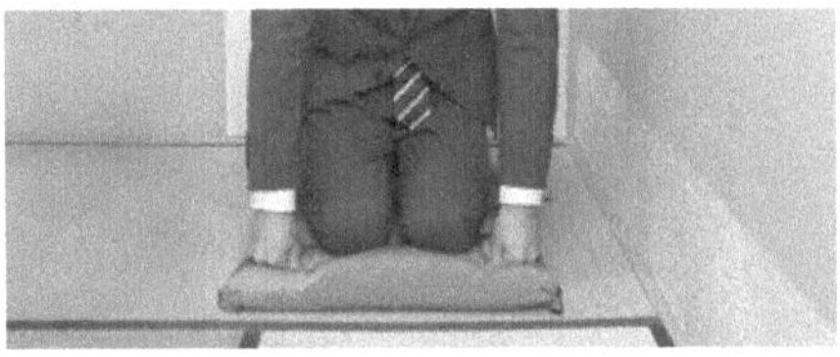

■방석의 중앙에 무릎을 가지런히 한다.

6. 방석에서 내려오는 법

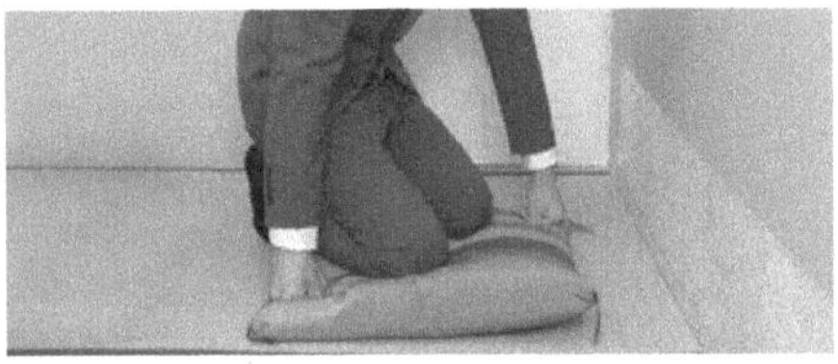

■방석위에서 몸을 반쯤 일으켜 손과 몸을 뒤로한다.

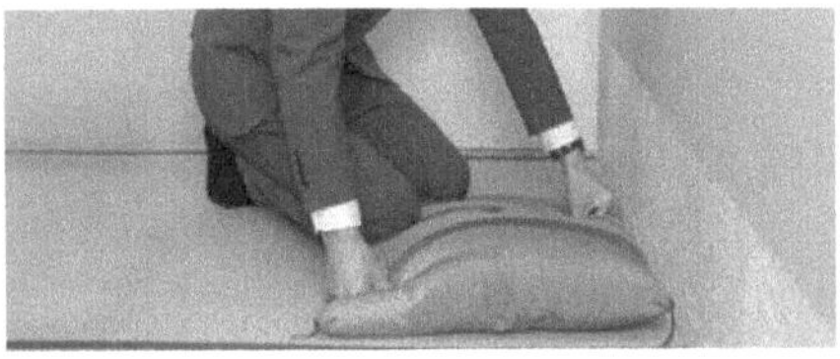

■무릎걸음으로 서서히 방석에서 내려온다.

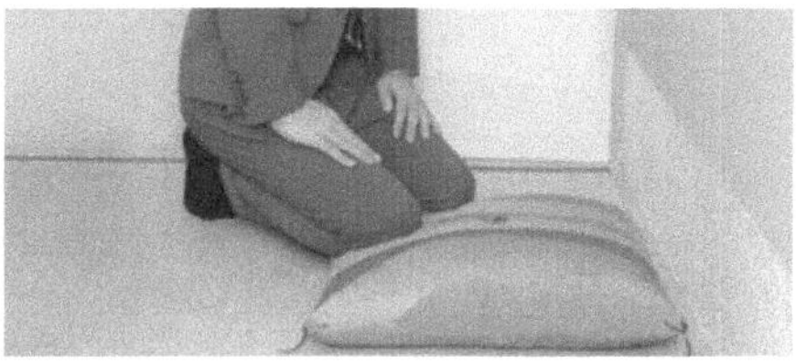

■ 다리를 방석에서 빼면 발뒤꿈치로 몸을 지탱한다.

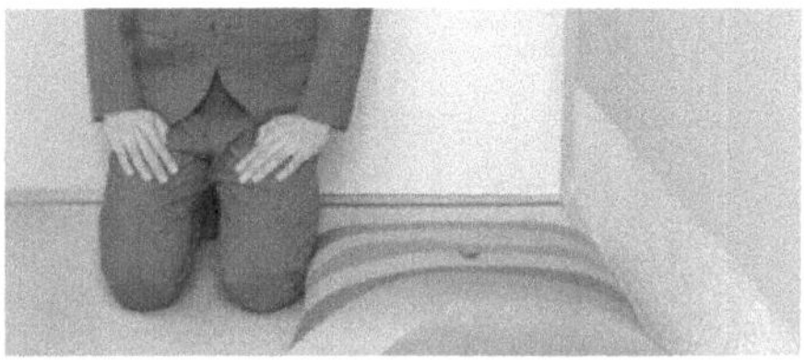

■ 무릎 위에 손을 올리고 정면을 향해 앉는다.

7. 물수건 사용법

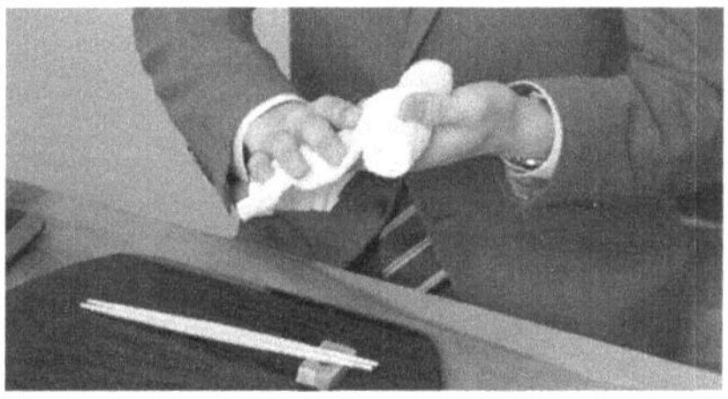

■ 물수건은 오른손으로 잡고 왼손으로 바꿔 든다. 말아진 물수건을 양손으로 펴 닦은 후 닦은 부분을 안쪽으로 접어 원래대로 접는다.

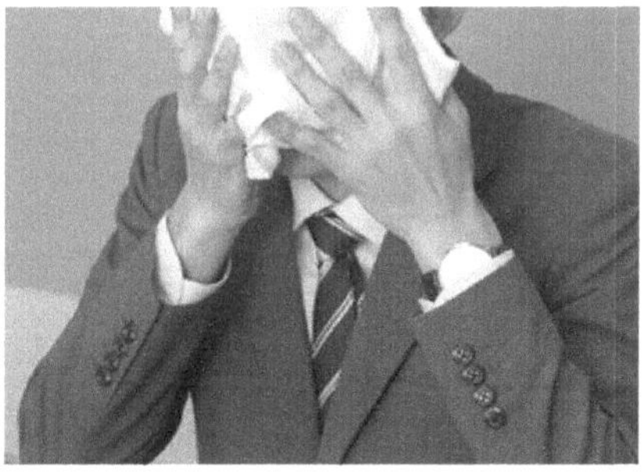

■ 본래 물수건은 손을 닦는 것이므로 얼굴과 몸 등 다른 부위를 닦는 것은 매너 위반이다. 물론 식사 중에 입을 닦는 것도 금기이다.

■ 테이블의 얼룩이나 음료를 흘릴 경우 물수건으로 닦아 버리는 경우가 많은데 물수건은 어디까지나 물수건이다. 행주로 사용하지 않도록 한다.

8. 맥주 따르는 법

■ 맥주 병 레이블이 위로 오도록 오른손으로 병 전체를 들고 왼손은 가볍게 댄다.
처음에는 완만하게 따르다 거품이 나오기 시작하면 다시 완만하게 따른다.

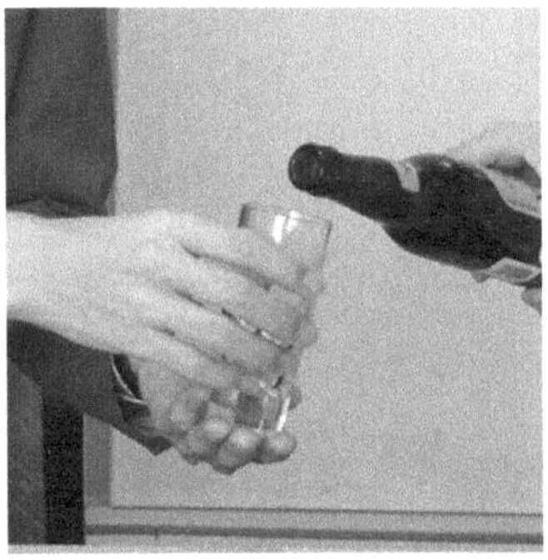

■ 맥주를 받을 땐 양손으로 받는다.

■ 건배는 연장자의 맥주잔보다 낮게 한다.

9. 사케 따르는 법

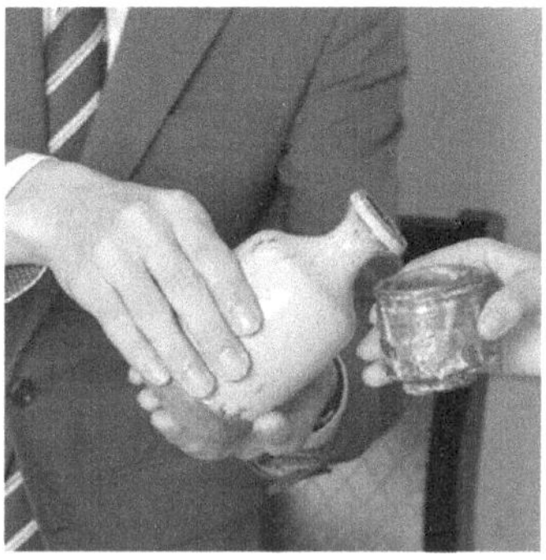

■술을 따를 때는 오른쪽 손등을 위로하여 술병 둘레를 잡고 왼손은 아래에 놓는다.
처음에는 가늘게 따르다 점차 굵게 마지막으로 가늘게 따르며 술의 양은 술잔의 8할 정도 따르도록 한다.

■술을 받을 때는 양손으로 받으며 건배할 때는 가볍게 술잔을 들고 하며 술잔을 맞출 때는 잔 부딪히는 소리를 내지 않는다.

■술을 받으면 반드시 입에 대고 테이블에 내려놓는다. 단번에 마시지 않고 먼저 향을 즐기면서 소량씩 간격을 두고 마시도록 한다.

10. 와인 배우기

■ 라벨을 보이게 위로하여 붓는다. 와인의 양은 잔의 1/3 정도를 기준으로 한다.
많이 붓지 않는 것은 와인의 색을 결정할 때 잔을 기울이기 때문이다.

■ 일반적으로 술을 받을 때 술잔을 두 손 모아 받지만, 와인은 상대가 따라 줄 때까지 와인잔을 테이블 위에 올려놓는다.
다 따르면 손가락을 와인 잔 사이에 넣고 가볍게 잔을 돌려준다. 그렇지 않으면 "와인을 모르는 사람"으로 인식되므로 조심한다.

■ 와인을 따르는 시기로 프랑스에서는 완전히 마시기 전에 영국식은 완전히 마신 후다.
그러나 화이트 와인에 관해서는 완전히 마시고 나서 따르는 것을 추천한다.

11. 와인을 더욱 맛있게 즐기기

■ 온도에 민감한 와인은 손의 온도에서 와인의 맛이 변하지 않도록 하기 위하여 와인 잔의 다리가 긴 것이다. 손의 온도에서 와인의 맛이 변하지 않도록 하기 위하여 마실 때도 글라스의 다리를 잡도록 한다.

■ 와인을 잔에 따른 후 잔을 가볍게 돌려 와인을 공기에 닿게 한 후 와인 향을 즐기는 것부터 시작한다.

■ 향을 즐긴 후 와인을 한 모금 입안에 넣은 후 가볍게 혀를 구른다. 단맛, 신맛, 짠맛, 쓴맛, 감칠맛 등 입맛을 통해 확인한다.

12. 일본요리의 특징

오색(五色) : 흰색, 검정색, 노란색, 빨간색, 파란색

오미(五味) : 단맛, 짠맛, 신맛, 쓴맛, 매운맛

오법(五法) : 생것, 조린 것, 구운 것, 찐 것, 튀긴 것.

1) 카이세키

카이세키는 모임의 좌석을 뜻하는 말로 연회에서 술과 함께 즐길 수 있는 요리이다. 일본의 정식요리인 혼젠요리[本膳料理]와 차카이세키요리[茶懐石料理]를 혼합해 만들어졌다. 고급 료칸, 호텔 등에서 취급하는 연회요리이다.

2) 카이세키 요리 먹는 순서

1. 전채요리로 평평한 그릇은 그대로 둔 채 작은 그릇에 담아있는 음식은 들어 올려 먹는다. 꼬치 요리는 젓가락으로 누르면서 잡아 당겨 뺀 후 꼬치 접시의 반대편에 놓는다.

2. 맑은 장국이나 계절에 따라 계란찜이 제공된다. 윗사람이 그릇의 뚜껑을 연 후 자신의 뚜껑을 열어야 한다. 다 먹은 후 그릇의 뚜껑을 닫는다.

3. 생선회는 앞쪽부터 담백한 흰 살 생선과 가운데는 중간크기의 생선회, 맨 안쪽에는 기름기 있는 생선을 담는다. 보기 좋게 담은 생선회를 망가뜨리지 않게 왼손 앞쪽에서 오른쪽 앞, 중앙, 안쪽 순으로 먹는다.

4. 카이세키 코스의 핵심으로 생선머리까지 구운 구이요리이다.

5. 조림은 일반적으로 뚜껑 있는 그릇에 담아준다. 작은 그릇은 손으로 들고 먹으나 큰 그릇은 상에 놓은 채 뚜껑에 덜어 먹는다.

6. 튀김은 튀김쯔유 양념을 찍어 먹는다. 튀김쯔유 양념이 떨어지지 않도록 쯔유 그릇을 손에 들고 먹는다.

7. 계란찜은 앞에서부터 차례대로 먹으며 수분이 많으므로 그릇을 들고 먹는다.

8. 밥과 채소절임 장아찌가 나오면 코스의 마무리이므로 술은 따뜻할 때 마시도록 한다.

9. 마지막으로 제공되는 디저트는 과일은 오른쪽부터 먹는다.
녹차와 화과자의 경우는 녹차를 마시기 전에 화과자를 먹는다.

3) 차카이세키

다과회에서 제공되는 요리로 하나의 국물과 세 가지의 채소가 기본으로 되어 있다. 술을 즐기는 카이세키 요리와는 반대로, 밥과 국물이 있다. 차카이세키라고 불린다.

4) 젓가락 사용법

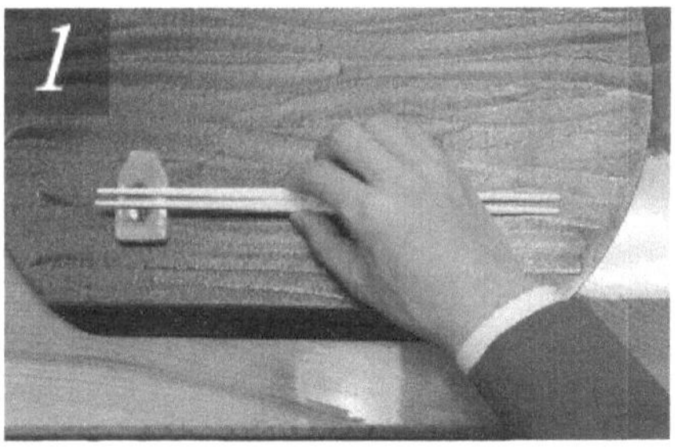

■ 오른손으로 젓가락의 중간을 잡는다.

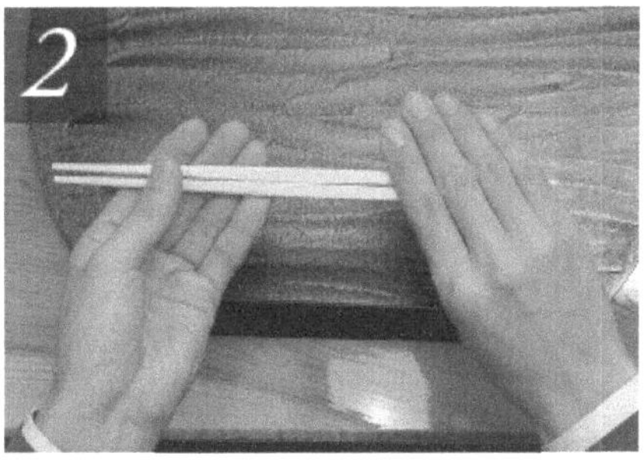

■ 왼손으로 젓가락 아래를 받치고 오른손은 옆으로 젓가락 끝부분을 잡는다.

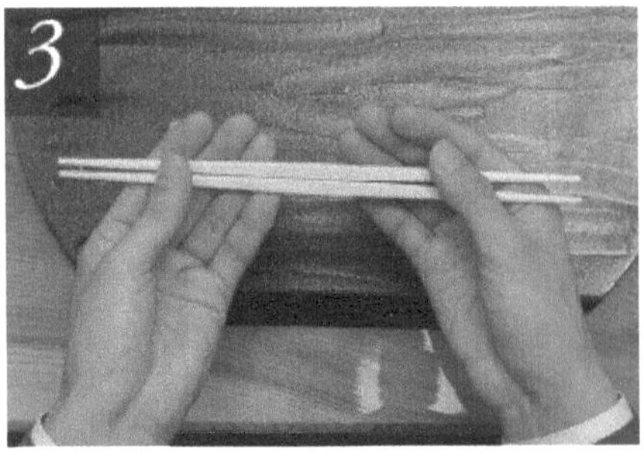

■ 오른손을 돌려 젓가락의 1/3 정도를 손가락으로 잡는다.

■ 왼손을 젓가락으로 분리시켜 오른손으로만 젓가락을 잡는다.

5) 그릇을 들 때 젓가락을 잡는 방법

■ 그릇은 양손으로 들고 왼손에 올려놓는다.

■ 오른손으로 젓가락을 들어 왼손의 손가락에 끼운다.

■ 오른손을 돌려 젓가락을 제대로 잡고 왼손을 놓는다.

6) 의자에 앉는 법

■ 의자에 서거나 앉을 때는 원칙적으로 왼쪽으로 출입한다.

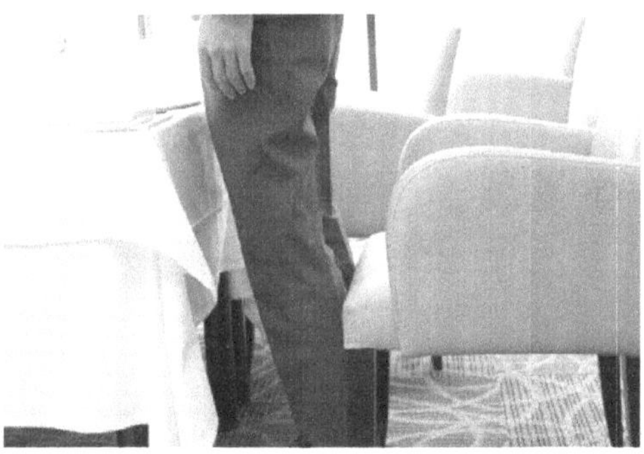

■ 웨이터가 당긴 의자가 무릎 뒷면에 닿으면 살짝 걸터 있은 후 의자에 깊이 앉는다. 몸과 테이블 사이는 주먹 두 개 정도의 사이를 비워 둔다.

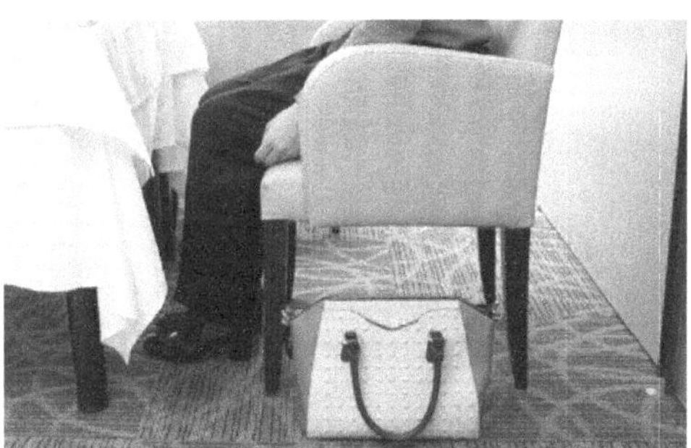

■ 가방은 웨이터에 방해가 되지 않도록 발밑에 둔다. 작은 핸드백이라면 의자 등받이와 몸 사이에 두고 큰 가방은 보관소에 맡긴다.

7) 냅킨 사용법

■ 처음 요리가 나올 때 냅킨을 접어 무릎 위에 올려놓는다.

■ 입 주변을 닦을 때는 냅킨의 안쪽 면으로 닦는다. 자신의 옷에 얼룩이 묻는 걸 방지하고 지저분해진 냅킨이 눈에 띄지 않게 한다.

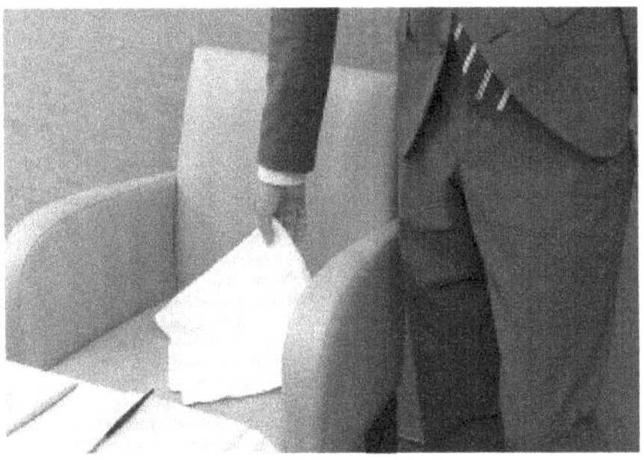

■ 기본적으로 식사 중 자리를 뜨는 것은 매너위반이지만, 부득이 할 때는 냅킨을 가볍게 접어 의자 위에 놓거나 의자 등에 걸어두면 다시 돌아온다는 표시이다.

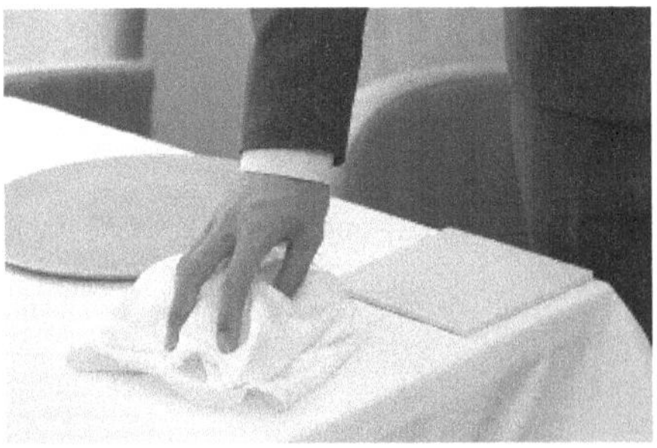

■ 냅킨을 접지 않아도 무방하다. 왜냐하면 냅킨을 접는 것을 잊어버릴 정도로 음식이 맛있다는 것을 의미하기도 한다.

8) 포크와 나이프 사용법

■ 풀코스의 경우 접시의 양쪽에 놓인 칼을 바깥쪽에서부터 안쪽으로 사용한다. 혹시 잘못 사용 하더라도 웨이터가 새로운 것을 가져다주므로 안심한다.

■ 식사 중간에 나이프와 포크를 두고 싶을 때는 접시에 8자형으로 놓는다. 나이프의 칼날은 안쪽으로 포크 끝은 아래로 하는 것이 기본이다.

■ 음식을 먹은 후에는 접시 위에 나이프와 포크를 가지런히 놓는다. 나이프의 칼날은 안쪽으로 포크의 끝은 아래로 하며 비스듬히 놓는다.

13. 프랑스 요리 먹는 순서

1) 아 뮤즈 / 오르되브르

■ 전채는 큰 접시에 담아져 있으며 각자 자신의 그릇에 덜어 먹는다. 그러나 일본에서는 웨이터가 나누어주거나 나누어진 상태로 운반된다.

2) 빵

■ 빵이 놓여 있는 접시에서 한입 크기로 뜯어 먹는다. 칼로 자르거나 먼저 모든 빵을 뜯어 버리는 것은 금기다.

3) 스프

■ 왼손으로 수프그릇을 가볍게 잡고 숟가락으로 떠서 척추를 편 상태에서 입으로 옮긴다.

4) 포아송

■ 뼈가 있는 생선의 경우 머리를 포크로 눌러 생선의 중간 뼈를 따라 머리에서 꼬리까지 칼집을 낸다. 분리 된 생선뼈는 접시 앞에 두고 왼쪽에서부터 먹는다. 윗부분을 다 먹어도 뒤집지 말고 먹는다.

5) 뷔얀도

■ 스테이크의 경우 왼쪽에서부터 한입 크기로 나이프로 썰어 먹는다. 고기를 한꺼번에 썰어 놓는 건 아니다.

6) 레규무

■ 고기에 맞게 나오는 샐러드는 고기용 나이프와 포크로 먹는다. 작은 그릇에 샐러드가 나오면 포크만으로 큰 그릇에 나오면 나이프와 포크를 사용해서 먹는다.

7) 후로 마쥬

■ 최근에는 없는 경우도 많다. 입가심 용도로 치즈 건포도 등을 즐길 수 있다. 코스와는 별도 요금이 부과되는 경우도 있다.

8) 데세루

■ 코스의 마지막 부분에 제공되는 디저트로, 사탕으로 모양을 만들거나 소스를 아름답게 표현하여 제공한다.

9) 뿌띠후루 / 보왓손

■ 뿌디후루는 작은 과자를 말하며 보왓손은 커피나 홍차 등의 음료를 뜻한다. 작은 과자는 손으로 먹어도 무방하다. 커피 등을 마실 때 접시는 들지 않도록 한다.

14. 중국요리

중국 요리는 지역마다 특색이 있고, 사용하는 재료도 다양하다. 대표적인 요리는 「북경 요리」, 「광동 요리」, 「사천 요리」, 「상해 요리」가 있다.

1) 북경 요리

■ 황하 유역의 요리로 뿌리는 중국 왕조의 궁중 음식이다. 소금이나 된장, 간장을 많이 사용한 농후 한 맛이 특징이다. 대표 요리는 북경 오리 구이, 찐 쟈오 로스 등이 있다.

2) 광동요리

■ 중국 요리에서 가장 인기 있는 요리로 소재의 질감을 살린 담백한 맛이 매력으로 대표 요리는 탕수육, 팔보채, 상어 지느러미 스프 등이 있다.

3) 사천요리

■ 더위와 추위가 심한 분지에서 발달한 요리로 고추와 생강, 산초 등이 사용되고, 다양한 맛이 특징이다. 대표 요리는 마파두부, 새우 칠리 소스 등이 있다.

4) 상해요리

■ 상해, 양주, 소주 지역에서 발달된 요리로 해산물과 산나물을 살린 담백한 맛을 기본으로 하고 있다. 대표 요리는 소용포, 상하이 게, 고기가 들어간 완탕이 있다.

15. 중국요리 테이블 매너

■ 먼저 주빈이 요리를 덜어 먹은 후, 회전 테이블을 시계 방향으로 돌려가며 나머지 손님들도 음식을 먹도록 한다.

■ 요리가 초대받은 모두에게 나누어져도 주빈이나 연장자가 먹지 않았는데 젓가락을 드는 건 예의가 아니다. 주빈이 젓가락을 들면 그 때 먹도록 한다.

■ 회전 테이블 위에 있는 음식을 먹기 위해 서서 음식을 덜어내는 것은 예의가 아니다. 반드시 회전판을 돌려 자신의 정면에 이동시킨 후 요리를 가져오도록 한다.

■ 주빈이 요리를 가져온 뒤 테이블은 시계 방향으로 돌리는 것이 규칙이다. 그러나 모두가 음식을 덜어갔으면 돌리기 쉬운 쪽으로 돌려도 무방하다.

■ 회전판은 공유 공간이므로 조미료, 차 주전자, 요리 접시 등은 둘 수 있다. 그러나 자신이 사용한 접시나 찻잔 등은 올려놓지 않도록 한다.

■중국 요리는 요리의 맛이 섞이지 않도록 요리 접시를 바꾸므로 접시를 많이 사용해도 된다.

■중국 요리는 찻잔과 요리 숟가락 이외에는 들어서는 안 된다. 원탁테이블에서 요리를 가져올 때도 접시는 놓은 상태에서 음식을 덜어온다.

■중국 음식은 큰 접시에 담긴 음식을 자신이 먹을 만큼 덜어 먹는데 남기면 매너 위반이므로 남김없이 먹도록 한다.

■면을 먹을 때 숟가락에 덜어서 먹으면 국물이 튀는 염려는 없다. 수프를 마실 때는 숟가락을 오른손으로 바꾼다.

■ 숟가락 무늬의 홈에 손가락을 넣고 엄지와 중지로 잡는다. 국물을 마실 때는 숟가락을 약간 비스듬하게 한다.

■ 음식을 던 후 접시는 그대로 두고 먹는다. 국물을 흘릴 것 같으면 숟가락을 사용해도 무방하다.

16. 중국요리 먹는 순서

1. 전채

접시에 차가운 것과 따뜻한 것 몇 가지를 담아낸다. 요리가 없어질 때까지 테이블에 두기 때문에 되도록이면 처음 놓인 모양 그대로 먹는 것이 보기 좋다.

2. 스프

큰 그릇에 전원 먹을 양이 있으므로 자신의 스프그릇에 먹을 양 만큼 나누어 담고 상대방에게 준다. 국물은 숟가락을 사용하며 먹는 소리를 내지 않도록 한다.

3. 생선이나 육류 찐 요리와 볶음 요리가 제공된다. 여러 요리가 한 번에 나오면 연한 맛부터 먹도록 한다. 북경 오리구이와 새우 요리는 손으로 먹어도 무방하다.

4. 밥은 자기 몫을 나누어 담고 숟가락으로 먹는다. 반드시 접시는 들지 말아야 한다.

5. 딤섬은 짠맛과 단맛의 2 종류가 있다. 만두와 춘권 등이 있고 달콤한 디저트로는 안닌두부. 망고 푸딩이 있다

6. 차 주전자에 차가 나오면 옆 사람이 마실 양을 배려하며 주전자의 뚜껑을 누르면서 찻잔에 차를 따른다.
차를 좀 더 마시고 싶으면 차 주전자 뚜껑을 반 정도 열어 두면 웨이터가 더 가져다준다.

제4부

호텔 회화

나는 누구예요 (내 소개)

리에코(りえこ)
안녕하세요. 저는 일본에서 온 리에코라고 합니다.
지금 대학생으로 관광을 전공하고 있습니다. 한국의 유명한 관광지를 보고 한국어 공부를 하고 싶어 한국에 왔습니다. 잘 부탁드리겠습니다.

こんにちは。私は日本から来たりえこです。大学では観光学を専攻しています。韓国の有名な観光地を見て、韓国語を勉強したいと思い、韓国にきましだ゜ どうぞよろしくお願いいたします。

김수미(キムスミ)
처음뵙겠습니다. 저는 김수미라고 합니다. 저도 대학에서 관광을 전공해서 지금은 호텔에서 일하고 있습니다. 한국의 관광지에 대해서 소개해 드리겠습니다.
저도 잘 부탁드리겠습니다.

はじめまして。私はキムスミと申します。私も大学で観光学を専攻し、今はホテルで働いています。韓国の観光地について紹介します。こちらこそよろしくお願いします。

あらすじ　줄거리
東京から来たりえこはソウル旅行をするために、ソウル市内のホテルに宿泊する予定だ。
도쿄에서 온 리에코는 서울여행을 하기 위해 서울시내의 호텔에 투숙하려고 한다.

본문 익히기 / 한자 익히기

1과 空港(くうこう)からホテルまで　공항에서 호텔까지

りえこ　すみません、ソゴンドンロッテホテルまでお願(ねが)いします。

運転手(うんてんしゅ)　はい、かしこまりました。

りえこ　仁川空港(いんちょんくうこう)からホテルまでどれくらいかかりますか？

運転手(うんてんしゅ)　そうですね、道(みち)が混(こ)んでいなければ、1時間(じかん)くらいで着(つ)くと思(おも)います。

りえこ　そうですか、わかりました。

(운전사는 어느덧 호텔에 도착했다.)

運転手(うんてんしゅ)　お客様(きゃくさま)、ホテルに到着致(とうちゃくいた)しました。

りえこ　タクシー代(だい)はおいくらですか？

運転手(うんてんしゅ)　日本円(にほんえん)で6,500円(えん)です。

りえこ　はい、どうぞ。

運転手(うんてんしゅ)　ありがとうございます。旅行楽(りょこうたの)しんでくださいね。

리에코　운전사님, 소공동 롯데호텔까지 부탁드려요.

운전사　네, 편안히 모시겠습니다.

리에코　인천공항에서 호텔까지 얼마나 걸리나요?

운전사　네, 길이 안 막히면 약 1시간 이면 도착합니다.

리에코　네, 알겠습니다.

(운전사는 어느덧 호텔에 도착했다.)

운전사　손님, 호텔에 도착했습니다.
리에코　택시비는 얼마인가요?
운전사　일본 엔으로 6,500엔입니다.
리에코　네. 여기 있습니다.
운전사　감사합니다. 즐거운 여행 되십시오.

주요 단어

1. ～から ～まで ~에서 ~까지
2. お願い 부탁
3. 運転手 운전수
4. どれくらい 얼마나
5. かかる 걸리다
6. 道 길
7. 混む 붐비다
8. くらい 정도, 만큼
9. 着く 도착하다
10. も ~도
11. 思い 생각
12. 到着 도착
13. タクシー代 택시비
14. いくら 얼마, 어느 정도
15. どうぞ 아무쪼록, 먼저, 승낙을 허락하는 공손한 말
16. 旅行 여행

1과 본문 내용 써보기

한자 익히기

한자	음독/훈독 및 용례
1. 両 둘 량	음 りょう　両手(りょうて) 양손　両足(りょうあし) 양발 훈 ふた(つ)
2. 雨 비 우	음 う　風雨(ふうう) 풍우　雨天(うてん) 비오는 날씨 훈 あめ/あま　大雨(おおあめ) 雨宿(あまやど) り 큰비, 폭우, 비를 피함
3. 雪 눈 설	음 せつ　雪上車(せつじょうしゃ) 설상차 훈 ゆき　大雪(おおゆき) 큰 눈
4. 雲 구름 운	음 うん　雲海(うんかい) 구름바다 훈 くも　雲(くも) が 晴(は) れる 구름이 개이다
5. 電 전기 전	음 でん　電気(でんき) 전기　電話(でんわ) 전화 훈
6. 虫 벌레 충	음 ちゅう　殺虫剤(さっちゅうざい) 살충제 훈 むし　毛虫(けむし) 모충(털벌레의 총칭)
7. 風 바람 풍	음 ふう　風船(ふうせん) 풍선 훈 かぜ/かざ　そよ風(かぜ) 산들바람 風向き(かざむ) き 바람의 방향
8. 丁 고무래 정	음 てい 훈 ちょう　一丁目(いっちょうめ) 1정목(일본 주소 1가)
9. 打 칠 다	음 だ　打電(だでん) する 전보를 치다 훈 う(つ)　手(て) を打(う) つ 손을 치다
10. 町 밭두둑 정	음 ちょう　町長(ちょうちょう) 마을의 장 훈 まち　町(まち) 도시

한자 연습하기

1. 両					
2. 雨					
3. 雪					
4. 雲					
5. 電					
6. 虫					
7. 風					
8. 丁					
9. 打					
10. 町					

2과 チェックイン 체크인하기

フロント　いらっしゃいませ。ロッテホテルです。ご宿泊(しゅくはく)でしょうか。

りえこ　こんにちは。2泊(はく)したいのですが。

フロント　シングルルームのご利用(りよう)でよろしいですか？

りえこ　はい、いくらですか？

フロント　日本円(にほんえん)で1泊(はく)7,900円(えん)、合計(ごうけい)15,800円(えん)です。旅券(りょけん)も拝見(はいけん)できますか。

りえこ　はい、こちらです。

フロント　フロントデスクを右手(みぎて)に進(すす)みますと
客室専用(きゃくしつせんよう)のエレベーターがございます。
それではごゆっくりお過(す)ごしください。

りえこ　ありがとうございます。

호텔 프런트　어서오세요. 롯데호텔입니다. 무엇을 도와드릴까요?
리에코　안녕하세요. 2일간 투숙 좀 하려고합니다.
호텔 프런트　싱글 룸으로 해드릴까요?
리에코　네. 얼마죠?
호텔 프런트　일본 엔으로 1박투숙료가 7,900엔으로 총 15,800엔입니다.
여권도 같이 부탁드릴게요.
리에코　네, 여기 있어요.
프런트데스크　오른쪽으로 가시면 객실로 향하는 엘리베이터가 있습니다.
그럼, 편안하게 쉬십시오.
리에코　감사합니다.

주요 단어

1. 宿泊(しゅくはく) 숙박
2. シングルルーム 싱글룸
3. 利用(りよう) 이용
4. よろしい 좋다, 적절하다
5. 合計(ごうけい) 합계
6. 旅券(りょけん) 여권
7. 拝見(はいけん) 보다
8. フロントデスク 프런트데스크
9. 右手(みぎて) 오른손
10. 客室専用(きゃくしつせんよう) 객실전용
11. エレベーター 엘리베이터
12. ゆっくり 천천히, 편안히

2과 본문 내용 써보기

한자 익히기

한자	음독/훈독	용례
11. 市 시 시	음 し 훈 いち	大阪市(おおさかし) 오사카시 市場(いちば) 시장
12. 姉 손윗누이 자	음 し 훈 あね	長姉(ちょうし) 큰 누이, 큰 언니 姉(あね) 누나(언니)
13. 末 끝 말	음 まつ 훈 すえ	結末(けつまつ) 결말 末(すえ) っ子(こ) 막내
14. 未 아닐 미	음 み 훈	未成年者(みせいねんしゃ) 미성년자
5. 味 맛 미	음 み 훈 あじ	意味(いみ) 의미 味(あじ) 맛
6. 妹 누이동생 매	음 まい 훈 いもうと	姉妹(しまい) 자매 妹(いもうと) 누이동생
7. 兄 형 형	음 きょう 훈 あに	兄弟(きょうだい) 형제 兄(あに) 형
8. 弓 활 궁	음 きゅう 훈 ゆみ	洋弓(ようきゅう) 양궁 弓(ゆみ) 활
9. 引 끌 인	음 いん 훈 ひ(く)	引力(いんりょく) 인력 引(ひ) く 끌다
10. 弟 동생 제	음 だい 훈 おとうと	兄弟(きょうだい) 형제 弟(おとうと) 동생

한자 연습하기

11. 市						
12. 姉						
13. 末						
14. 末						
15. 末						
16. 妹						
17. 兄						
18. 弓						
19. 引						
20. 弟						

3과 ホテルのカフェにて 호텔 커피숍에서

店員　　いらっしゃいませ。ご注文はいかがなさいますか？

りえこ　アメリカーノをお願いします。

　　　　それとチーズケーキも一緒にお願いします。

店員　　アメリカーノは温かいのと冷たいのとどちらになさいますか？

りえこ　温かいのでお願いします。

店員　　かしこまりました。ご注文確認致します。

　　　　アメリカーノのホットとチーズケーキでお間違いないですか？

りえこ　はい

店員　　かしこまりました。少々お待ちくださいませ。

커피숍 직원　안녕하세요. 주문하시겠습니까?

리에코　아메리카노 부탁해요. 그리고 치즈케이크도 함께요.

커피숍 직원　아메리카노는 따뜻한 것과 차가운 것 어떤 것으로 드릴까요?

리에코　따뜻한 걸로 주세요.

커피숍 직원　네, 주문 확인하겠습니다. 따뜻한 아메리카노와 치즈케이크가 맞습니까?

리에코　네.

커피숍 직원　네, 잠시만 기다려주십시오.

주요 단어

1. 注文 주문	2. アメリカーノ 아메리카노	3. チーズケーキ 치즈케이크
4. 一緒に 함께	5. 温かい 따뜻한	6. 冷たい 차가운
7. どちら 어느 쪽	8. 確認 확인	9. 間違い 틀림, 잘못
10. 少々 조금, 잠깐	11. ください 주세요	12. 待つ 기다리다

3과 본문 내용 써보기

한자 익히기

한자	음독/훈독 및 용례
21. 第 차례 제	음 훈 だい　第一(だいいち) 제일
22. 弱 약할 약	음 じゃく　弱点(じゃくてん) 약점 훈 よわ(い)　弱(よわ) い 약하다
23. 強 강할 강	음 きょう　強弱(きょうじゃく) 강약 훈 つよ(い)　強(つよ) い 강하다
24. 勉 힘쓸 면	음 べん　勉強(べんきょう) する 공부하다 훈
25. 練 익힐 연	음 ねん　練習(れんしゅう) 연습 훈 ね(る)　練(ね) る 단련하다
26. 晩 늦을 만	음 ばん　昨晩(さくばん) 어젯밤 훈
27. 羽 날개 우	음 훈 はね　羽田空港(はねだくうこう) 하네다 공항
28. 習 배울 습	음 しゅう　復習(ふくしゅう) 복습 훈 なら(う)　習(なら) う 배우다
29. 翌 다음날 익	음 よく　翌日(よくじつ) 이튿날 훈
30. 曜 빛날 요	음 よう　日曜日(にちようび) 일요일 훈

한자 연습하기

21. 第						
22. 弱						
23. 強						
24. 勉						
25. 練						
26. 晩						
27. 羽						
28. 習						
29. 翌						
30. 曜						

4과 国際電話サービスを利用する 전화안내 서비스 부탁하기

フロント　はい、フロントでございます。

りえこ　国際電話をお願いしたのですが。

フロント　電話先の国名と電話番号を教えていただけますか？

りえこ　ええ、日本なんですが、電話番号は03−5777−1026です。

フロント　かしこまりました。ただいまお繋ぎ致しますので、
切らずにこのままお待ちください。

りえこ　ありがとうございます。

호텔 프런트　네, 프런트입니다.
리에코　국제전화 연결 부탁합니다.
호텔 프런트　연결할 국가와 전화번호 알려주십시오.
리에코　네, 일본이고 전화번호는 03−5777−1026입니다.
호텔 프렀트　네, 연결해 드릴 테니 끊지 마시고 잠시만 기다려주십시오.
리에코　감사합니다.

주요 단어

1. フロント 프런트
2. 国際電話 국제전화
3. 電話先 전화할 상대
4. 国名 나라이름
5. 電話番号 전화번호
6. 教える 가르치다
7. 繋ぎ 연결

4과 본문 내용 써보기

한자 익히기

한자	음독/훈독 및 용례	
31. 周 둘레 주	음 しゅう 훈 まわ(り)	周囲(しゅうい) 주위 周(まわ) り 둘레
32. 週 주일 주	음 しゅう 훈	今週(こんしゅう) 금주
33. 作 지을 작	음 さく/さっ 훈 つく(る)	作者(さくしゃ) 작자 作家(さっか) 작가 作(つく) る 만들다
34. 昨 어제 작	음 さく/さっ 훈	昨夜(さくや) 어제 밤 昨今(さっこん) 작금, 요즈음
35. 他 남 타	음 た 훈	他人(たにん) 타인
36. 池 연못 지	음 じ 훈 いけ	電池(でんち) 전지 池(いけ) 연못
37. 地 땅 지	음 じ 훈 ち	地震(じしん) 지진 地下鉄(ちかてつ) 지하철
38. 図 그림 도	음 ず 훈 はか(る)	地図(ちず) 지도 図(はか) る 지도하다
39. 書 책 서	음 しょ 훈 か(く)	図書館(としょかん) 도서관 書(か) く 쓰다
40. 絵 그림 회	음 え 훈 かい	絵(え) 그림 絵画(かいが) 회화

한자 연습하기

31. 周						
32. 週						
33. 作						
34. 昨						
35. 他						
36. 池						
37. 地						
38. 図						
39. 書						
40. 絵						

5과 モーニングコールを利用(りよう)する 모닝콜 서비스 부탁하기

フロント　はい、フロントでございます。

りえこ　明日(あす)の朝(あさ)、モーニングコールをお願(ねが)いしたいのですが。

フロント　かしこまりました。何時(なんじ)にモーニングコール致(いた)しましょうか？

りえこ　6時半(じはん)にお願(ねが)いします。

フロント　かしこまりました。
明日(あす)の6時(じ)30分(ぶん)にモーニングコール致(いた)します。

りえこ　よろしくお願(ねが)いします。

フロント　はい、ありがとうございました。

호텔 프런트　네, 프런트입니다.
리에코　내일 아침 모닝콜 좀 부탁하려고 해요.
호텔 프런트　네, 몇 시에 모닝콜을 해드리면 될까요?
리에코　6시 30분으로 부탁합니다.
호텔 프런트　네. 내일 6시 30분에 모닝콜 해드리겠습니다.
리에코　감사합니다.
호텔 프런트　네, 감사합니다.

주요 단어

1. 明日(あす) 내일
2. 朝(あさ) 아침
3. モーニングコール 모닝콜
4. お願(ねが)い 부탁
5. 何時(なんじ)に 몇 시에
6. 半(はん) 반, 절반
7. かしこまりました 잘 알겠습니다, 분부대로 하겠습니다.

5과 본문 내용 써보기

한자 익히기

한자	음독/훈독 및 용례	
41. 画 그림 화	음 が/かく 훈 えが(く)	映画(えいが) 영화　計画(けいかく) 계획 画(えが) く 그림을 그리다
42. 近 가까울 근	음 きん 훈 ちか(い)	近代(きんだい) 근대 近(ちか) い 가깝다
43. 戸 문 호	음 こ 훈 と	戸籍(こせき) 호적 戸(と) 문
44. 所 장소 소	음 しょ 훈 ところ	住所(じゅうしょ) 주소 所(ところ) 장소
45. 折 꺾을 절	음 せつ 훈 おる	骨折(こっせつ) 골절 折(お) る 꺾다
46. 新 새로울 신	음 しん 훈 あたら(しい)	新年(しんねん) 신년 新(あたら) しい 새롭다
47. 親 친할 친	음 しん 훈 おや	親友(しんゆう) 친우 母親(ははおや) 모친
48. 朝 아침 조	음 ちょう 훈 あさ	朝食(ちょうしょく) 조식 朝(あさ) 아침
49. 昼 낮 주	음 ちゅう 훈 ひる	昼食(ちゅうしょく) 점심식사 昼(ひる) ごはん 점심
50. 夜 밤 야	음 や 훈 よる/よ	今夜(こんや) 오늘 밤 夜(よる) 밤　月夜(つきよ) 달 밤

한자 연습하기

51. 画						
52. 近						
53. 戸						
54. 所						
55. 折						
56. 新						
57. 親						
58. 朝						
59. 昼						
60. 夜						

6과 レストランで注文(ちゅうもん)する 레스토랑에서 주문하기

ウェイター　いらっしゃいませ。何名様(なんめいさま)ですか。

りえこ　二人(ふたり)です。

ウェイター　景色(けしき)のいい窓側(まどがわ)の席(せき)にご案内(あんない)いたします。

りえこ　ありがとうございます

ウェイター　(メニューを渡(わた)しながら) ご注文(ちゅうもん)をお伺(うかが)いいたします。

りえこ　クリームソーススパゲティとシーフードピザをお願(ねが)いします。

ウェイター　お飲み物(のみもの)はいかがなさいますか？

りえこ　白(しろ)ワインを２つお願(ねが)いします。

ウェイター　かしこまりました。

레스토랑 직원　어세오세요. 몇 분이시죠?

리에코와 일행　두 명입니다.

레스토랑 직원　네, 경치가 좋은 창가 쪽으로 안내해 드리겠습니다.

리에코와 일행　네, 감사합니다.

레스토랑 직원　(메뉴판을 주면서) 주문해 주십시오.

리에코와 일행　크림소스 스파게티와 해산물 피자 부탁드려요.

레스토랑 직원　음료는 무엇으로 할까요?

리에코와 일행　백포도주로 2잔 부탁드려요.

레스토랑 직원　네, 알겠습니다.

주요 단어

1. 何名様(なんめいさま) 몇 분　2. 景色(けしき) 경치　3. 窓側(まどがわ) 창 쪽
4. 席(せき) 좌석　5. 案内(あんない) 안내　6. メニュー 메뉴
7. 注文(ちゅうもん) 주문　8. 飲(のみもの) 마실 것, 음료　9. 白(しろ)ワイン 백포도주

6과 본문 내용 써보기

한자 익히기

한자	음독/훈독	및 용례
51. 液 진 액	음 えき 훈	液体(えきたい) 액체
52. 死 죽을 사	음 し 훈 し(ぬ)	死人(しにん) 죽은 사람 死(し) ぬ 죽다
53. 寸 마디 촌	음 훈 すん	 一寸(いっすん) 한 치, 짧은 거리
54. 守 지킬 수	음 しゅ 훈 まも(る)	厳守(げんしゅ) 엄수 守(まも) る 지키다
55. 村 마을 촌	음 そん 훈 むら	農村(のうそん) 농촌 村(むら) 마을
56. 寺 절 사	음 じ 훈 てら	寺院(じいん) 사원 お寺(てら) 절
57. 時 때 시	음 じ 훈 とき	一時間(いちじかん) 한 시간 時(とき) 때
58. 持 가질 지	음 じ 훈 も(つ)	所持品(しょじひん) 소지품 持(も) つ 가지다
59. 詩 시 시	음 し 훈	詩(し) 시
60. 待 기다릴 대	음 たい 훈 ま(つ)	招待(しょうたい) 초대 待(ま) つ 기다리다

한자 연습하기

51. 液						
52. 死						
53. 寸						
54. 守						
55. 村						
56. 寺						
57. 時						
58. 持						
59. 詩						
60. 待						

りえこ	香水(こうすい)のコーナーはどこにありますか？
案内(あんない)デスク	1階(かい)のエスカレーター前(まえ)にございます。
りえこ	ありがとうございます。
香水(こうすい)コーナーの店員(てんいん)	お探(さが)しの香水(こうすい)がございますか？
りえこ	特(とく)にそういうわけではないんですが・・・、 ほのかな香(かお)りのもので、 なにかおすすめはありますか？
香水(こうすい)コーナーの店員(てんいん)	こちらの香水(こうすい)はいかがですか？
りえこ	香(かお)りも強(つよ)すぎなくていいですね！これにします。
香水(こうすい)コーナーの店員(てんいん)	ありがとうございます。7,800円(えん)です。

리에코	향수 코너는 어디에요?
면세점 안내 데스크	1층 에스컬레이터 앞에 있습니다.
리에코	네, 감사합니다.
향수 코너 직원	찾으시는 향수가 있나요?
리에코	아니요, 특별히 없어요. 은은한 향을 원하는데 추천 좀 해주세요.
향수 코너 직원	네, 이 향수 어떠세요?
리에코	향이 강하지도 않고 좋네요. 이걸로 할게요.
향수 코너 직원	네, 7,800엔입니다.

주요 단어

1. 香水(こうすい) 향수
2. コーナー 코너
3. エスカレーター 에스컬레이터
4. 前(まえ)に 앞에, ~전에
5. 探(さが)し 찾음
6. 特(とく)に 특별히
7. 香(かお)り 향기, 좋은 냄새
8. ほのかな香(かお)り 은은한 향기
9. おすすめ 추천, 권유
10. いかがですか 어떠십니까

7과 본문 내용 써보기

한자 익히기

한자	음독/훈독 및 용례	
61. 等 같을 등	음 とう 훈 ひと(しい)	三等分(さんとうぶん) 3등분 等(ひと) しい 같다
62. 特 특별할 특	음 とく 훈	特別(とくべつ) 특별히
63. 別 나눌 별	음 べつ 훈 わか(れる)	区別(くべつ) 구별 別(わか) れる 헤어지다
64. 門 문 문	음 もん 훈 かど	門(もん) 문 門出(かどで) 출발
65. 問 물을 문	음 もん 훈 と(う)	問題(もんだい) 문제 問(と) う 묻다
66. 質 바탕 질	음 しつ/しち 훈 ただ(す)	質問(しつもん) 질문 質屋(しちや) 전당포 質(ただ) す (모르는 점을) 묻다, 질문하다
67. 間 사이 간	음 かん 훈 あいだ	一時間(いちじかん) 한 시간 間(あいだ) 간 동안에
68. 聞 들을 문	음 ぶん 훈 き(く)	新聞(しんぶん) 신문 聞(き) く 듣다 聞(き) こえる 들리다
69. 開 열 개	음 かい 훈 ひら(く) あ(く)	開会(かいかい) 개회 開(ひら) く 열다 開(あ) く 열리다
70. 発 필 발	음 はつ 훈	開発(かいはつ) 개발

한자 연습하기

61. 等						
62. 特						
63. 別						
64. 門						
65. 問						
66. 質						
67. 間						
68. 聞						
69. 開						
70. 発						

8과 両替(りょうがえ)をする 환전하기

フロント　いらっしゃいませ。どのようなご用件(ようけん)でしょうか？

りえこ　両替(りょうがえ)をお願(ねが)いします。

フロント　パスポートを拝見(はいけん)できますか。いくら両替(りょうがえ)なさいますか？

りえこ　30,000円(えん)お願(ねが)いします。

フロント　本日(ほんじつ)のレートですと、31,000円(えん)です。

りえこ　10,000円(えん)3枚と1,000円(えん)は細(こま)かいのでください。

フロント　かしこまりました。少々(しょうしょう)お待(ま)ちくださいませ。

호텔 프런트　어서 오세요. 무엇을 도와드릴까요?
리에코　네, 환전 부탁드립니다.
호텔 프런트　여권 좀 보여주세요. 얼마나 환전 해 드릴까요?
리에코　3만 엔 부탁드려요.
호텔 프런트　오늘 환율 기준으로 31,000엔입니다.
리에코　네, 만엔 3장에 천 엔은 동전으로 주세요.
호텔 프런트　네, 알겠습니다. 잠시만 기다려 주세요.

주요 단어

1. 用件(ようけん) 용건
2. 両替(りょうがえ) 환전
3. パスポート 여권
4. 本日(ほんじつ)の 오늘의
5. レート 환율
6. 細(こま)かい 작다, 잘다, 미세한
7. お願(ねが)いします 부탁합니다.
8. 少々(しょうしょう)お待(ま)ちくださいませ 잠시만 기다려 주십시오.

8과 본문 내용 써보기

한자 익히기

한자	음독/훈독 및 용례	
71. 表 겉 표	음 ひょう 훈 あらわ(れる, す)	表紙(ひょうし) 표지 表(あらわ) れる 나타나다 表(あらわ) す 나타내다
72. 閉 닫을 폐	음 へい 훈 し(める/まる)	開閉(かいへい) 개폐 閉(し) める 닫다 閉(し) まる 닫히다
73. 才 재주/살 재	음 さい 훈	才(さい) 재주 六十才(ろくじゅうさい) 60세
74. 能 능할 능	음 のう 훈 あた(う)	才能(さいのう) 재능 能(あた) う 할 수 있다, 가능하다
75. 材 재주 재	음 ざい 훈	人材(じんざい) 인재
76. 料 헤아릴 요	음 りょう 훈	料理(りょうり) 요리
77. 科 과목 과	음 か 훈	科学(かがく) 과학
78. 刀 칼 도	음 とう 훈 かたな	木刀(ぼくとう) 목표 刀(かたな) 칼
79. 切 자를 절	음 せつ 훈 き(る)	親切(しんせつ) 친절 切(き) る 자르다
80. 分 나눌/시간 분	음 ふん 훈 わ(ける/かる)	二分(にふん) 2분 分(わ) ける 나누다 分(わ) かる 이해하다

한자 연습하기

71. 表						
72. 閉						
73. 才						
74. 能						
75. 材						
76. 料						
77. 科						
78. 刀						
79. 切						
80. 分						

9과 ルームサービスを利用(りよう)する 룸서비스 하기

ルームサービス	はい、ルームサービスでございます。
りえこ	軽(かる)く食事(しょくじ)をしたいのですが、 なにかおすすめはありますか？
ルームサービス	今(いま)の時間帯(じかんたい)はお出(だ)しできるメニューが少(すく)ないのですが、 ビーフカレーはいかがでしょうか？
りえこ	ではビーフカレーとサラダをお願(ねが)いします。
ルームサービス	かしこまりました。お飲(の)み物(もの)はよろしいですか
りえこ	コーラをお願(ねが)いします。
ルームサービス	かしこまりました。30分(ぷん)ほどお時間(じかん)頂戴(ちょうだい)いたします。
りえこ	はい、わかりました。

룸서비스	룸서비스입니다. 무엇을 도와 드릴까요?
리에코	간단하게 식사를 하고 싶은데 메뉴 추천 좀 부탁드려요.
룸서비스	지금 시간엔 메뉴가 많지가 않습니다. 소고기 카레 어떠신지요?
리에코	그럼, 소고기 카레와 샐러드 부탁드립니다.
룸서비스	네, 알겠습니다. 음료는 괜찮으신가요?
리에코	콜라로 부탁드려요.
룸서비스	네, 30분 정도 소요됩니다.
리에코	네, 알겠습니다.

주요 단어

1. **ルームサービス** 룸서비스
2. **軽(かる)く** 가볍게
3. **食事(しょくじ)** 식사
4. **時間帯(じかんたい)** 시간대
5. **少(すく)ない** 적다
6. **ビーフカレー** 소고기 카레
7. **サラダ** 샐러드
8. **コーラ** 콜라
9. **ほど** 정도, 쯤, 만큼

9과 본문 내용 써보기

한자 익히기

한자	음독/훈독 및 용례
81. 辺 가 변	음 へん　辺(へん) 부근, 근처 훈 あた(り)　辺(あた) りに 근처에
82. 自 스스로 자	음 じ/し　自由(じゆう) 자유　自然(しぜん) 자연 훈 みずか(ら) 自(みずか) ら 스스로
83. 身 몸 신	음 しん　身体(しんたい) 신체 훈 み　身分証明書(みぶんしょうめいしょ) 신분증명서
84. 首 머리/목 수	음 しゅ　首都(しゅと) 수도 훈 くび　首(くび) 목
85. 衣 옷 의	음 い　衣服(いふく) 의복 훈 ころも　衣(ころも) 옷
86. 初 처음 초	음 しょ　初歩(しょほ) 초보 훈 はじ(めて) 初(はじ) めてです 처음입니다
87. 道 길 도	음 みち　道(みち) 길 훈 どう　道路(どうろ) 도로　鉄道(てつどう) 철도
88. 具 갖출 구	음 ぐ　家具(かぐ) 가구　道具(どうぐ) 도구 훈
89. 鼻 코 비	음 び　耳鼻科(じびか) 이비인후과 훈 はな　鼻(はな) 코
90. 血 피 혈	음 けつ　血圧(けつあつ) 혈압 훈 ち　血(ち) 피

한자 연습하기

81. 辺						
82. 自						
83. 身						
84. 首						
85. 衣						
86. 初						
87. 道						
88. 具						
89. 鼻						
90. 血						

10과 ランドリーサービスを利用する 세탁물 부탁하기

ハウスキーピング　はい、ハウスキーピングでございます。

りえこ　洗濯をお願いしたいのですが、
明日の午前8時までにできますか？

ハウスキーピング　はい、可能でございます。

りえこ　料金はいくらですか？

ハウスキーピング　シャツ１枚につき、税込で1,500円です。

りえこ　わかりました。
それでは明日の8時までにお願いします。

ハウスキーピング　お客様のお部屋は303号室でお間違いないですか？

りえこ　はい、合ってます。

ハウスキーピング　かしこまりました。ありがとうございました。

하우스키핑　네, 하우스키핑입니다.

리에코　세탁물 좀 부탁하려고 하는데 내일 오전 8시까지 가능한가요?

하우스키핑　네, 가능합니다.

리에코　요금은 얼마인가요?

하우스키핑　셔츠 1장은 세금 포함된 금액으로 1,500엔입니다.

리에코　네, 내일 늦지 않게 부탁드려요.

하우스키핑　손님, 룸번호가 303호시죠?

리에코　네, 맞아요.

하우스키핑　네, 알겠습니다. 감사합니다.

주요 단어

1. ハウスキーピング 하우스키핑
2. 洗濯(せんたく) 세탁
3. 午前(ごぜん) 오전
4. 可能(かのう) 가능
5. 料金(りょうきん) 요금
6. 税込(ぜいこみ) 세금을 포함한 액수
7. 部屋(へや) 방
8. 合(あ)ってます 맞습니다.

10과 본문 내용 써보기

한자 익히기

한자	음독/훈독	및 용례
91. 衆 무리 중	음 しゅう 훈	大衆(たいしゅう) 대중 民衆(みんしゅう) 민중
92. 温 따뜻할 온	음 あたた(かい) 훈 おん	温(あたた) かい 따뜻하다 温度(おんど) 온도
93. 泉 샘 천	음 せん 훈 泉	温泉(おんせん) 온천 泉(いずみ) 샘
94. 線 줄 선	음 せん 훈	線(せん) を引(ひ) く 선을 긋는다
95. 春 봄 춘	음 しゅん 훈 はる	青春(せいしゅう) 청춘 春(はる)
96. 夏 여름 하	음 なつ 훈 か	夏(なつ) 여름 夏期休暇(かききゅうか) 하기 휴가
97. 秋 가을 추	음 しゅう 훈 秋	晩秋(ばんしゅう) 늦가을 秋(あき) 가을
98. 冬 겨울 동	음 とう 훈 ふゆ	冬眠(とうみん) 동면(겨울잠) 冬(ふゆ) 겨울
99. 糸 실 사	음 し 훈 いと	絹糸(けんし) 견사(명주 실) 毛糸(けいと) 털실
100. 終 끝 종	음 しゅう 훈 お(わる/える)	終業式(しゅうぎょうしき) 종업식 終(お) わる 끝나다 終(お) える 끝마치다

한자 연습하기

91. 衆						
92. 温						
93. 泉						
94. 線						
95. 春						
96. 夏						
97. 秋						
98. 冬						
99. 糸						
100. 終						

11과 タクシーを呼ぶ 택시 요청하기

りえこ　タクシーを呼んでもらえますか？

フロント　出発時間と行き先はいかがなさいますか？

りえこ　午後の2時30分出発で、行き先は金浦空港までお願いします。

フロント　かしこまりました。内容確認いたします。

午後2時30分ご出発、金浦空港まででよろしいですか？

りえこ　はい。

フロント　ご予約承りました。ありがとうございました。

리에코　택시 좀 불러주세요.
프런트　시간과 장소 알려주세요.
리에코　오후 2시 30분이고 장소는 김포공항까지 부탁드려요.
프런트　네. 예약내용 확인하겠습니다.
　　　　오후 2시 30분 김포공항까지 맞습니까?
리에코　네. 맞습니다.
프런트　예약되었습니다. 감사합니다.

주요 단어

1. タクシー 택시
2. 出発時間 출발시간
3. 行き先 행선지
4. 空港 공항
5. 内容確認 내용확인
6. 午後 오후
7. ご予約承りました 예약되었습니다.

11과 본문 내용 써보기

한자 익히기

한자	음독/훈독	및 용례
101. 細 가늘 세	음 さい 훈 ほそ(い)/ほそる	詳細(しょうさい) 상세히 細(ほそ) い 가늘다　細(ほそ) る 줄다
102. 続 계속 속	음 ぞく 훈 つづ(く/ける)	相続(そうぞく) 상속 続(つづ) く 계속되다 続(つづ) ける계속하다
103. 麦 보리 맥	음 むぎ 훈	小麦(こむぎ) 밀　大麦(おおむぎ) 보리
104. 変 변할 변	음 へん 훈 か(わる/える)	大変(たいへん) 대단히 変電所(へんでんしょ) 변전소 変(か) わる 변하다　変(か) える 바꾸다
105. 実 열매 실	음 じつ 훈 み(のる)	実例(じつれい) 실례 実(み) 열매　実(みの) る 여물다
106. 寒 추울 한	음 かん 훈 さむ(い)	寒風(かんぷう) 한풍(찬바람) 寒(さむ) い 춥다
107. 者 놈 자	음 しゃ 훈 もの	医者(いしゃ) 의사 若者(わかもの) 젊은이
108. 諸 여러 제	음 훈 しょ	 学生諸君(がくせいしょくん) 학생 제군(여러분)
109. 暑 더울 서	음 しょ 훈 あつ(い)	暑中休暇(しょちゅうきゅうか) 여름 휴가 暑(あつ) い 덥다
110. 都 서울 도	음 と/つ 훈 みやこ	大都会(だいとかい) 대도시 都合(つごう) 형편, 사정 都(みやこ) 수도(서울)

한자 연습하기

101. 細						
102. 続						
103. 麦						
104. 変						
105. 実						
106. 寒						
107. 者						
108. 諸						
109. 暑						
110. 都						

12과 チェックアウト 체크아웃하기

りえこ　チェックアウトをお願いします。こちらルームキーです。

フロント　お預かりします。りえこ様でお間違いないですか？

りえこ　はい、そうです。

フロント　ミニバーのご利用はございますか？

りえこ　いえ、ないです。

フロント　お会計はクレジットカードでよろしいでしょうか？

りえこ　はい。

フロント　ご利用ありがとうございました。

　　　　またのお越しをお待ちしております。

리에코　체크아웃하고 싶습니다. 룸 키는 여기 있어요.
프런트　리에코씨죠?
리에코　네, 맞습니다.
프런트　미니바 이용하신 거 있으신가요?
리에코　아니요. 없습니다.
프런트　계산은 카드로 괜찮으십니까?
리에코　네.
프런트　이용해주셔서 감사합니다. 다음에도 다시 찾아주세요.

주요 단어

1. チェックアウト 체크아웃
2. ルームキー 방 열쇠
3. 預かり 보관하다, 맡기다
4. ミニバー 미니바
5. 利用 이용
6. 会計 합계
7. クレジットカード 신용카드
8. またのお越しをお待ちしております 다음에도 다시 찾아주세요.

12과 본문 내용 써보기

한자 익히기

한자	음독/훈독	및 용례
111. 矢 화살 시	음 し 훈 や	嚆矢(こうし) 호시(최초, 사물의 맨 처음) 矢(や) 화살
112. 知 알 지	음 ち 훈 し(る)	知識(ちしき) 지식 知(し) る 알다
113. 医 의원 의	음 い 훈 いや(す)	医者(いしゃ) 의사 医(いや) す(상처, 병 따위를 고치다)
114. 区 구역 구	음 く 훈 まち	区域(くいき) 구역 区区(まちまち) 구구, 각기 다름
115. 失 잃을 실	음 しつ 훈 うしな(う)	失明(しつめい) 실명　失礼(しつれい) 실례 失(うしな) う 잃다
116. 鉄 쇠 철	음 てつ 훈	地下鉄(ちかてつ) 지하철
117. 丙 남녘 병	음 へい 훈	丙(へい) 병(갑, 을, 병, 정에서 병)
118. 病 병 병	음 びょう 훈 やむ	病人(びょうにん) 병자 病(や) む 병들다, 앓다
119. 元 으뜸 원	음 がん/げん 훈 もと	お元気(げんき) ですか 안녕하십니까? 元日(がんじつ) 원일(정월초하루) 元(もと) 근원, 처음, 기원
120. 完 완전할 완	음 かん 훈	完了(かんりょう) 완료

한자 연습하기

111. 矢						
112. 知						
113. 医						
114. 区						
115. 失						
116. 鉄						
117. 丙						
118. 病						
119. 元						
120. 完						

13과 荷物を預ける 짐 보관 부탁하기

フロント　いらっしゃいませ。ご用件を承ります。

りえこ　先ほどチェックアウトをしたんですが、

荷物を預かってもらえないでしょうか？

フロント　かしこまりました。

お荷物はキャリーバッグおひとつでしょうか？

りえこ　はい、キャリーバッグだけお願いします。

フロント　お荷物の中に貴重品や壊れやすいものは

ございませんでしょうか？

りえこ　いえ、ないです。

フロント　かしこまりました。それではお預かりいたします。

お気をつけていってらっしゃいませ。

프런트　반갑습니다. 무엇을 도와드릴까요?
리에코　네, 체크아웃은 했지만, 짐을 보관하려고 하는데요.
프런트　네, 맡기실 짐은 캐리어 한 개인가요?
리에코　네, 캐리어 한개만 보관해주시면 됩니다.
프런트　가방 안에 귀중품이나 깨지기 쉬운 물건이 있나요?
리에코　아니, 없습니다.
프런트　네, 알겠습니다. 편안히 다녀오세요.

주요 단어

1. 用件(ようけん) 용건
2. チェックアウト 체크아웃
3. 荷物(にもつ) 짐
4. キャリーバッグ 캐리백
5. 貴重品(きちょうひん) 귀중품
6. 壊(こわ)れやすいもの 깨지기 쉬운 물건
7. お気(き)をつけていってらっしゃいませ 편안히 다녀오세요.

13과 본문 내용 써보기

한자 익히기

한자	음독/훈독 및 용례
121. 全 온전할 전	음 ぜん　　完全(かんぜん) 완전 훈 まった(く)　全(まった) く 전혀
122. 院 집 원	음 いん　　病院(びょういん) 병원 훈
123. 豆 콩 두	음 ず/とう　　大豆(だいず) 대두(큰 콩) 豆腐(とうふ) 두부 훈 まめ　　豆(まめ) 콩
124. 短 짧은 단	음 たん　　短文(たんぶん) 단문 훈 みじか(い)　短(みじか) い 짧다
125. 頭 머리 두	음 ず/とう　　頭痛(ずつう) 두통　先頭(せんとう) 선두 훈 あたま　　頭(あたま) 머리
126. 顔 얼굴 안	음 がん　　洗顔(せんがん) 세수 훈 かお　　顔(かお) 얼굴
127. 長 길 장	음 ちょう　　社長(しゃちょう) 사장 長男(ちょうなん) 장남 훈 なが(い)　　長(なが) い 길다
128. 張 베풀 장	음 ちょう　　拡張(かくちょう) 확장 훈 は(る)　　張(は) る 펴다, 다
129. 帳 장막 장	음 ちょう　　手帳(てちょう) 확장 日記帳(にっきちょう) 일기장 훈
130. 面 낯 면	음 めん　　帳面(ちょうめん) 장부, 필기장, 노트 훈 おもて　　面(おもて) 얼굴

한자 연습하기

121. 全					
122. 院					
123. 豆					
124. 短					
125. 頭					
126. 顔					
127. 長					
128. 張					
129. 帳					
130. 面					

참고문헌

[국내문헌]

장미경 · 김도영(2018), 누구나 쉬운 일본관광회화, 기문사

제갈 영(2005), 일본어 속성 암기공식 30일 완성, 다락원

[국외문헌]

日本ホテルビジネスブック

국제교류기금(昭和57), 일본어한자입문, 범인사

日本総務省統計局

和食のマナー

저자소개

■ 장미경

- 한양여자대학교 국제관광학과 졸업
- 일본 국립 와카야마대학원 관광학연구과 졸업
- 일본 국립 와카야마대학원 관광학연구과 박사과정
- 국제의료관광코디네이터(일본어)
- 일본 관광학회 정회원
- 일본 관광호스피탈리티교육학회 정회원
- 일본 관광정보학회 정회원

현) 한양여자대학교 호텔관광학과 강사

누구나 쉬운 **호텔 일본어회화**

2019년 5월 25일 초판 인쇄
2019년 5월 30일 초판 발행

저 자 장 미 경
발행인 한 인 환
발행처 도서출판 **기 문 사**
등 록 1978. 8. 9. NO. 6-0637
주 소 서울시 동대문구 안암로 50-1(용두동) 홍신빌딩 3층
전 화 02)2265-7214, 922-8662~8663
팩 스 02)922-8772

homepage : www.kimoonsa.co.kr
e-mail : book@kimoonsa.co.kr

ISBN : 978-89-7723-830-5 93730

저자와의 협의하에 인지생략

정가 : 12,000원